畅销书案例分析
（第四辑）

张文红　主编

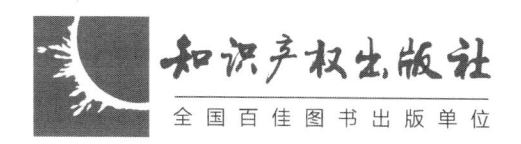

知识产权出版社
全国百佳图书出版单位

图书在版编目（CIP）数据

畅销书案例分析.第四辑/张文红主编.—北京：知识产权出版社，2018.11
ISBN 978-7-5130-5734-9

Ⅰ.①畅… Ⅱ.①张… Ⅲ.①畅销书－出版工作－案例 Ⅳ.①G23

中国版本图书馆CIP数据核字（2018）第183609号

内容提要

本书对近年来20本畅销书进行分析和点评，从前期选题策划到后期营销推广全面探究。

责任编辑：于晓菲　　　　　　　　　　　　　责任印制：孙婷婷

畅销书案例分析.第四辑
CHANGXIAOSHU ANLI FENXI.DI-SI JI
张文红　主编

出版发行	知识产权出版社有限责任公司	网　　址	http：//www.ipph.cn
电　　话	010－82004826		http：//www.laichushu.com
社　　址	北京市海淀区气象路50号院	邮　　编	100081
责编电话	010－82000860转8363	责编邮箱	yuxiaofei@cnipr.com
发行电话	010－82000860转8101	发行传真	010－82000893
印　　刷	北京中献拓方科技发展有限公司	经　　销	各大网上书店、新华书店及相关专业书店
开　　本	720mm×960mm　1/16	印　　张	15.25
版　　次	2018年11月第1版	印　　次	2018年11月第1次印刷
字　　数	216千字	定　　价	68.00元
ISBN 978－7－5130－5734－9			

出版权专有　侵权必究
如有印装质量问题，本社负责调换。

目　录

上篇　虚构类

畅销书案例分析 1　《房思琪的初恋乐园》…………………宋　柳（004）
畅销书案例分析 2　《穆斯林的葬礼》……………………王丹阳（026）
畅销书案例分析 3　《外婆的道歉信》……………………奥　丽（042）
畅销书案例分析 4　《笑猫日记》…………………………单定平（056）
畅销书案例分析 5　《一个叫欧维的男人决定去死》………陈　琦（074）
畅销书案例分析 6　《银河帝国：基地七部曲》……………刘　畅（090）

下篇　非虚构类

畅销书案例分析 7　《浮生六记》…………………………曾　明（114）
畅销书案例分析 8　《傅雷家书》…………………………孙　乐（130）
畅销书案例分析 9　《故事：材质·结构·风格和银幕剧作的原理》
　　　　　　　　　…………………………………………刘治禹（146）
畅销书案例分析 10　《进击的局座：悄悄话》……………张　萌（162）
畅销书案例分析 11　《菊与刀》……………………………徐超颖（178）
畅销书案例分析 12　《退步集》……………………………宋晓璐（196）
畅销书案例分析 13　《我们仨》……………………………赵文文（212）
畅销书案例分析 14　《陈寅恪的最后二十年》……………龚兴桂（226）

上篇 虚构类

房思琪的初恋乐园

林奕含 著

向死而生的文学绝唱
打动万千读者的年度华语小说

这一次,你要看到成长里"不能说"的故事

骇丽的文学标本
幸存之花

李尚龙 燕公子 史航 蒋方舟 詹宏志 冯唐 张悦然 骆以军 戴锦华 李银河
——郑重推荐

台湾2017 Openbook年度好书奖 | 豆瓣读书2017高分图书特别提名

畅销书案例分析 1

《房思琪的初恋乐园》

宋　柳

一、图书基本信息

(一)图书介绍

书名:房思琪的初恋乐园

作者:林奕含

开本:32开

字数:127千字

定价:45.00元

书号:9789869236478

出版社:北京联合出版公司

品牌:北京磨铁

出版时间:2018年2月

(二)作者简介

林奕含,1991年出生,中国台湾作家。2017年2月,在台湾出版了长篇小说《房思琪的初恋乐园》。

曾经作为学生的林奕含,早已引起过社会关注,出身台南医学世家,其父是有着"台南怪医"之称的知名皮肤科医生林炳煌,哥哥也是医生。她从小外貌出众,品学兼优,曾是台南女子中学唯一一个在升大学测验中获得满分的学生,还曾获台湾数学科展第一名,高中时就被多家媒体报道,甚至被称为"最漂亮的满级分宝贝"。

2017年4月27日,林奕含因不堪抑郁症的折磨自缢身亡,年仅26岁,其少时曾遭到补习班老师诱奸,这一经历也最终导致了她的凋零,她患上精神疾病,大学期间也因为精神疾病被迫辍学。她文笔缠绵绝艳,才思过人,可是却有过这样沉重痛苦的遭遇,她将亲身经历写成小说《房思琪的初恋乐园》。在她生前接受采访时,曾说:"这个故事折磨、摧毁了我一生。"她离开之后,她的父母才告知世人:房思琪就是林奕含自己,这本书在很大程度上是她的自传。她在年少时曾遭受老师诱奸,留下了长期的心理创伤。当她面对镜头说"人类历史上最大规模的屠杀,是房思琪式的强暴",并质疑文学艺术的"所谓真善美",她所描述的痛苦,很多就是源发于她自己的感受。

二、畅销盛况

《房思琪的初恋乐园》台湾版在2017年出版就荣获了多项奖项:"台湾2017 openbook年度好书奖""豆瓣读书2017高分图书特别提名""台湾诚品书店2017年度畅销华文作家TOP1""台湾博客来2017年度畅销榜TOP1"。

简体中文版自2018年2月出版后,截至2018年4月,短短两个月时间就加印了3次,发货量20万册,取得了非常好的市场业绩,在当当网、亚马逊网、京东图书等线上销售排行榜上始终居前。2018年4月,本书进入开卷虚构类畅销榜单,榜单只有《房思琪的初恋乐园》是真正意义上的新书,其他均是再版图书。2018年6月,《房思琪的初恋乐园》入围首届"梁羽生文学奖"。

《房思琪的初恋乐园》受到了多个国家的关注,至2018年4月,韩文版已出版,日文版在授权中,泰文版正在翻译中,更多国家版权在授权进行中。

三、畅销攻略

(一)强烈的社会主题引人深思

1. 儿童性侵

《房思琪的初恋乐园》具有很强的社会主题,其中涉及的儿童性侵引发社会的关注。林奕含将女孩们被老师诱奸,为了寻找活下去的理由而强迫自己爱上老师的故事,用极具华丽讽刺的语言描绘出来。书中受害女孩的极大悲痛也是林奕含的悲痛,她说在写作过程中几度崩溃、泪流满面,但是林奕含依然要将这些让自己难受的回忆抽丝剥茧毫不保留地呈现出来,她说她不愿消耗任何一个房思琪,而她能做的只有写,为了不让更多的人成为房思琪,也让房思琪们或许找到一点光亮。关于儿童性侵,林奕含详细刻画了饼干、郭晓奇和房思琪三个女孩的经历,她们都是受害者,一步一步跳进衣冠禽兽老师挖好的深渊,最后窒息于多重桎梏的锁链中。房思琪、饼干和郭晓奇的悲剧来源于禽兽教师李国华、父母和整个社会,李国华们是第一施害者,父母和社会压力是第二施压者。

李国华以及他的同事们,数学老师、物理老师、英语老师以及女班主任蔡良老师普遍地猎取享用学生并以此自得,李国华们以对漂亮小女生的玩弄中获得一种满足感和自信。作为语文老师,李国华竟然以"思无邪"的诗做他卑劣行径的遮羞布。不是教师这个职业的错,只是教师这个职业让他们作恶更为方便,不是文学的错,只是作恶的人利用文学的陪衬来宽慰自己引诱别人美化恶行。错的是他们的心,一旦染指,便无回头之日,不管从事什么职业,他们都是社会的毒瘤。

在李国华们攀比着诱骗小女生后,亲人做了什么呢?先是对于性教育的逃避,思琪对妈妈说:"我们的家教好像什么都有,就是没有性教育。"妈妈诧异地回答:"什么是性教育?性教育是给那些需要性的人。"在这个故事中父母将永远缺席,他们旷课了,却自以为是还没开学。多数家长在性教育问题上大都采取回避的态度,很少在家庭中进行性教育,甚至干涉或禁止儿童与异性之间的交往,同时对学校性教育持反对态度。之后思琪尝试着说学校里有女生跟老师在一起,父母的反应:"这么小年纪就这么骚。"饼干的男朋友知道事实后,大骂饼干"脏",立马要跟饼干分手。甚至于公开后晓奇的父母第一反应是:"你跑去伤害别人的家庭,我们没有你这种女儿。"父母觉得对不起师母,要对老师道歉,而女儿的事情还不如抢付账时的账单重要。"家丑不可外扬"是父母们遇到这类事件的常规处理思路,而一个"丑"字,恰好暗示了受害女性的自我怀疑:"是不是我哪里错了?为什么会是我而不是别人?"也就是作者在文中借思琪的口质问自己当时"为什么要说'我不会'而不是'我不要'"。

晓奇遭受的社会网络暴力更加重了她的自我质疑。网络上的留言像是一种千刀刑加在晓奇身上,每一个回应,都像是被捅了一刀。这种质疑是很痛苦的,所以房思琪们开始逃避,开始美化肮脏,因为李国华身上有胡兰成之流的文人之美,"只要有了爱,做一切都是可以的",所以她要"爱"上老师而不能只是喜欢,这样发生的一切就不是错误和肮脏了,她们是被爱了,而不是犯了错被诱奸。亲人及社会的回应又将她们推入更加幽暗的深渊。

2. 家庭暴力

林奕含在书中刻画的第二个社会主题是家庭暴力。作者通过刻画许伊纹这一角色,来揭示了社会现实中的家庭暴力,它带给女性身体与心灵的伤害是巨大的,最终许伊纹逃离了那栋雕梁画栋的大楼,逃脱了丈夫的控制,她获得了新生。这也是林奕含对遭受家庭暴力的女性的期许,希望她们能有勇气早一些逃离身处的伤害。

书中的许伊纹从外貌甚至精神都是房思琪的长大版,她也是两个女孩的偶像,是她们"美丽、坚强、勇敢的伊纹姐姐"。伊纹二十多岁美丽且前途无量,放弃了继续读文学博士的理想,嫁给浪漫多金的钱一维。钱一维背景无可挑剔,外貌端正在哪里都赏心悦目,留学归来,有绅士派头,与伊纹约会,也尽显浪漫体贴,与孩子们相处尽显亲和幽默,也能与伊纹聊文学,当她们说到在读陀思妥耶夫斯基,他就能说出"德米特里、伊万、阿列克谢"。这样一位外人看来近乎完美的男人怎会四十几岁还没结婚,他对伊纹说:"以前接近我的女人都是要钱,这次索性找一个本来就有钱的,而且你是我看过最美最善良的女人。"许伊纹念的是文学,聪慧美丽,文学帮助她辨别话语的真实度,她很明白这些就像是"恋爱教战手册的句子复制贴上"。而真正让她动心的那次也是文学的帮助,有一回台风天,一维等她下课,伊纹看到他的裤子鞋子都被淹了,很自然想到了三世姻缘里蓝桥会的故事,"期而不来,遇水,抱梁柱而死。"

张阿姨清楚钱一维曾经打跑过几个女朋友,仍然将伊纹介绍给钱一维。她也隐隐知道李国华诱奸少女的事情,却只把它当作茶余饭后的八卦,面对伊纹和思琪的悲剧,她是冷漠、自私、幸灾乐祸的,我们生活的世界里不乏这样藏在角落里的恶人。张阿姨将伊纹推入了火坑,钱一维在恋爱中隐瞒了自己病况,任凭女生再机敏聪慧也抵挡不住这万般计谋与捉弄。她像很多遭此不幸的女性一样,一次次选择原谅她的丈夫,直到丈夫酒后将她打到流产,差点要了她的命,才终于决定结束六年的婚姻。

伊纹作为故事里的女性导师,她在引导思琪和怡婷这两个年轻女孩子的同时,自身也被男权社会压迫着。在男权社会,男人对女性的压迫和控制都源于男人想要女性屈服于自己的力量,男人压迫女人,迫使女人服从,好满足自己的需求和欲望。伊纹姐姐为了婚姻中断求学,婚后一直经历家庭暴力。她最后花了很大的力气逃离了那栋大楼,那些暴力。她在思琪试图倾诉而欲言又止的时候,没有逼问思琪,没有做更多。思琪也知道她夏天高领上衣下的瘀青,不忍再加重她的负担。伊纹姐姐自顾不暇,心力交瘁。她已经做得够多了,谁又能怪她什么?这是两个女性的互相慰藉,互相体谅。常想如果伊纹是法律专业出生,她哪怕无法躲避与钱一维的结合,那所遭受的伤痛或许也就不会这么持久且深重吧。

3. 救赎

作为一本描述少女遭受性侵犯的小说,《房思琪的初恋乐园》清楚地知道需要和谁对话。在纳博科夫之后，讲述中年男人和十三岁少女的情欲关系似乎没有办法绕过《洛丽塔》，洛丽塔也早已不再只是小说中的人物，而是修辞、不道德情欲的符号。

《房思琪的初恋乐园》和《洛丽塔》对话的力量正在于打破洛丽塔符号的僵硬表面，用"反欲望"的修辞让人看到洛丽塔内里伤痕累累的少女。洛丽塔在这本小说中并没有首先指向纳博科夫的文本，而是直接指向鲜活的天真少女："补习班的学生至少也十六岁，早已经跳下洛丽塔之岛。房思琪才十二三岁，还在岛上骑树干，被海浪舔个满怀。"逐浪少女占据了洛丽塔的位置，任何指向小说《洛丽塔》的叙述行为，都必须以这个活生生的生命为前提。因此当李国华化身亨伯特，用甜腻辞藻粉刷自己强暴房思琪的行径时，他心中对《洛丽塔》开篇的仿写也就只能是令人作呕的拙劣仿写。他没有机会用自己的层叠叙述把房思琪变成诱人的符号，留在读者面前的，只有一个被伤害的少女："洛丽塔之岛，他问津问渡未果的神秘之岛……把她压在诺贝尔奖全集上，压到诺贝尔都为之震动。告诉她她是他混沌的中年一个莹白的希望，先让她粉碎在话语里，中学男生还不懂的词汇之海里，让她在话语里感到长大，再让她的灵魂欺骗她的身体。"

撕开亨伯特编织的辞藻迷网，让洛丽塔从符号回到受伤害的人，这应该是《房思琪的初恋乐园》的文学野心之一。这本小说的背后站着《洛丽塔》，但是纳博科夫并没有投下不能超越的阴影。相反，《房思琪的初恋乐园》用自己的修辞调度成功地展示了少女的苦难不应该被欲望的修辞垄断。

"忍耐不是美德，把忍耐当成美德是这个伪善的世界维持它扭曲的秩序的方式。"令人绝望的文字，如溺水般无力求助，它终究会出现在世人面前，会有更多的人能通过这部书看到人性背面，一个姑娘用血肉之躯书写的人性之恶，我们都逃避不了。林奕含弃世了，留下了《房思琪的初恋乐园》，把它当作对命运和这个伪善世界的最后一声呐喊和抗诉。它给无数还在黑暗中咀嚼苦痛、舔舐伤口的房思琪们带来一丝希望。

(二)隐喻反讽的文字充满力量

林奕含的文字是柔软的又是生冷的,充满了阴郁又充满了力量。林奕含接受采访时也提到了她的文字:"这个故事其实用很简单的两三句话就可以讲完,很直观,很直白,很残忍的两三句话就可以把它讲完,就是,'有一个老师,长年用他老师的职权,在诱奸、强暴、性虐待女学生',很简单的两三句话,然而我还是用很细的工笔,也许太细了的工笔,去刻画它。我要做的不是报道文学,我无意也无力去改变社会的现况,我也不想与那些所谓大的词连接,也不想与结构连接。"

"不必期望她的文章有多少清凉的禅意,如果那样她反而得救。虽然她文字的诡辩离禅意只有一步之遥。但这诡辩,实在不是她能把握,如她要反对的对象那样游刃有余:轻松的,是那种羼杂了恶的生活,更兼它的伪善的文学。她提出的尖锐问题,并不能妨碍她的耻感文学的成立:尤其,当将她的小说理解为一种反语。在不能成为控诉时,成为反语,但反语其实是棘刺更为广大的控诉。"这本书充满大量的通感和譬喻,可以说整本书就是由无数个大大小小隐喻组成了一个巨大的隐喻,而林奕含说:"我已经知道,联想、象征、隐喻是世界上最危险的东西。"在这个意义上来看,林奕含的文笔神似张爱玲。然而张爱玲有着对世俗的观察,那是一种上帝视角,而林奕含,她用文学世界里复杂精美的笔触来描绘现实世界的残酷与单调。下面简要分析三段文字,感受一下林奕含文字的力量。

思琪努了努嘴唇,说下面高雄港好多船正入港,各各排挤出 V 字形的浪花,整个高雄港就像是用熨斗来回烫一件蓝衣衫的样子。一时间,她们两个人心里都有一点凄迷。成双成对,无限美德。"整个高雄港在她眼里就是一件被熨斗来来回回不断重复熨烫的蓝衣衫,也是她内心的折射,褶皱了的心永远也无法抚平。

房思琪已经三天没上课也没回家了。一个陌生的号码打了三次,老师说:"真有急事就接吧。""哦,抱歉,老师,我出去接一下。"紧接着下一段落开头"是阳明山什么湖打来的……"这是警察打给伊婷的,警察确认她是不是刘怡婷,然后告诉她"我们在山里发现了你的朋友"。

两段文字无缝衔接,场景却像斗转星移进入了另一个时空,思想与时空的断裂,猝不及防地将后果摔在你的眼前,思琪跑去了阳明山,她疯掉了。阳明山,小时候思琪与怡婷假期玩乐的地方,那时候的她们在那里踮起脚摘星星,看到的山是圣诞树的形状,那是属于她们快乐的象征性的时光。

怡婷看得很清楚,在伊纹姐姐碰到一维哥哥的手的时候,伊纹姐姐一瞬间露出奇异的表情。她一直以为那是新娘子的娇羞,跟她们对食物的冷漠同理,食,色,性也。后来她才知道那是一维在伊纹心里放养了一只名叫"害怕"的小兽,小兽在冲撞伊纹五官的栅栏。那是痛楚的蒙太奇。后来,升学,离家,她们听说一维还打到伊纹姐姐流掉孩子。老钱太太最想要的男孩。德米特里、伊万、阿列克谢。

短短的一段文字,读者先是感受到文字无比细腻,像是用放大镜不断放大细节,所见所想是真实诚恳的,伊纹触碰到丈夫的手的奇异、怡婷内心的猜想、"害怕"的小兽,紧接着笔锋急转,读者所见的时间空间迅速拉伸延展,重大事情迅速带过,像放电影一样,一帧一帧闪过,升学、离家、打到流掉孩子。前部分细腻充满隐喻的文字与后边冷酷无情的笔触形成映照,可见文字之张力。最后罗列了卡拉马佐夫三兄弟的名字,前文一维与她们一起谈论了陀思妥耶夫斯基,那是文学带给她们的共同语言,是和谐的,这里,仿佛卡拉马佐夫三兄弟从头到尾都在旁观着一切,这是一种文学带来的讽刺与残酷。

(三)清晰的文本结构透出生命力

1. 乐园—失乐园—复乐园

文本结构很清晰:乐园—失乐园—复乐园。像莫扎特小夜曲,《乐园》是以怡婷视角来叙事:元宵节汤圆会、伊纹嫁入钱升生家、伊纹同思琪怡婷读陀思妥耶夫斯基、思琪向怡婷坦白和李老师之间的关系、思琪在山中发疯住进精神病院、怡婷读思琪日记寻找真相。让我们看到一个完整鲜活、个性分明的怡婷。在林奕含的笔下,思琪与怡婷是思想上的双胞胎。第一章乐园是怡婷的,而不是思琪的,怡婷这段时光的愉悦并不是思琪的。第一章结尾说"故事必须重新讲过",怡婷的乐园接而转入思琪的失乐园。《失乐园》与其说是重述《乐园》,不如说是更为清楚地复原怡婷曾经遗漏的细节,乐园正是由于细节的遗漏而变得失真与无瑕。现实的真实与残忍紧随着暴露无遗:李国华一家搬进这栋大楼逐家窥探、钱一维将许伊纹娶过门不到一年就开始施暴、补课老师聚集交流彼此诱奸学生的"心得"、李国华辅导思琪伊婷"写作文",种种,一面是侵犯女生的李国华,一面是殴打妻子的钱一维。人们关心体面、妥帖、被人尊敬的生活,但有人善于利用这种体面的需求将乐园变成失乐园。从怡婷的《乐园》到思琪的《失乐园》,再到第三章许伊纹的《复乐园》,乐园必得天真无邪,失乐园则全是反讽着自我催眠,直到复乐园小说才有了正面而清醒的回击。伊纹搬出大楼之前,故事彻头彻尾的黑暗与阴冷,看不到一丝光亮,在伊纹独自生活之后,她才有勇气独自面对那座圣殿,并且鼓励伊婷重新讲述这个故事,"连思琪的份一起好好地活下去。"

2. 首尾呼应的"家庭聚餐"

"每个人都觉得圆桌是世界上最美好的发明。有了圆桌,便省去了你推搡我我推搡你上主位的时间。那时间都足以把一只蟹的八只腿一对螯给剔干净了。在圆桌上,每个人都同时有做客人的不负责任和做主人的气派。"

开篇的聚会与结尾的聚会似乎形成了某种呼应关系。最初当然是邻里情谊,钱爷爷、吴妈妈、陈阿姨、李老师这些成年人都在逗弄两位说悄悄话的小姑娘。当怡婷在餐桌上说错话被妈妈责罚,房妈妈连忙开解"你家小孩多乖啊",刘妈妈口气也就软下来,大人们互相客套寒暄。两个小孩仿佛让大人们相处得更加和谐。林奕含写道:"席上每个人的嘴变成笑声的泉眼,哈字一个个掷在地上。"小说结束时,除了房家搬走以外,其他人又一次聚在一起,这漫长的社交巡礼在作者的笔下同样没有中断。当年的两个小女孩已不在这里,怡婷去上大学,思琪住进了疯人院,大人们的寒暄依旧热闹。吴妈妈说:"以前看怡婷她们,倒不是会轻易喜欢人的类型。"她们,圆桌沉默了。说到怡婷,说到以前,躲不掉的思琪,所有人都明白,而所有人都假装没发生,下一刻,就有人用高声打破沉默,打破记忆。"桌面上躺着的一条红烧大鱼,带着刺刺小牙齿的嘴欲言又止,眼睛里有一种冤意。大鱼半身侧躺,好像是趴在那里倾听桌底的动静。"这条大鱼就像是在疯人院的思琪。

(四)编辑的用心让这本书得以更好呈现

1. 遇见这本书——这是一部能和自己生命发生激荡的作品

当时,魏强还是入职磨铁图书仅两年的年轻编辑,他和所有编辑一样,"一直在渴望做出自己发自内心热爱的一本书"。他在网上看到了关于台湾女作家林奕含自杀的报道:"2017年4月27日,我国台湾作家林奕含因为被辅导班老师长期诱奸患抑郁症在家中自杀,她给世人留下了根据亲身经历改编的小说《房思琪的初恋乐园》"。他持续关注了大量相关报道,出于对事件的痛心和作为编辑的职业敏感,魏强对林奕含和她的作品产生了强烈的好奇。他向版权同事要来这本书的试读资料,瞬间就被作者的文字所吸引。"在那个下午,仅仅几千字的小说片段营造的世界将我吸入其中,仿佛时空倒流,使每个人回到自己的青春年代。而同样置身于那个年代的少女房思琪要面对的,则是一段被撕裂的人生——正是在这仅仅几千字的文字片段中,我感受了很久未曾出现的深度阅读体验。这样的体验恐怕在一个人一生的阅读史中也只会出现几次。"魏强决定做《房思琪的初恋乐园》简体中文版的选题策划。

2. 争取简体中文版版权——这样优秀的作品理应让更多读者看到

获取台湾出版社的版本授权是一段持久争取的经历,磨铁很快联系出版此书的游击文化公司,由于当时网络媒体用各种角度来解读这个话题,有作家之死的悲痛,有儿童性侵、家庭暴力的社会议题,也涉及对该作品文学价值的探讨。此书的版权代理公司并没有很快授权此书。魏强联系到这本书繁体版的编辑张蕴方,《房思琪的初恋乐园》是张蕴方做的第一本书,这本书从文字编辑到排版、封面设计几乎都是凭她一己之力完成。她给林奕含也提了一些改稿建议:结尾部分,初稿结局是伊纹和毛毛在一起,和刘怡婷讲了一些话之后就结束了,张蕴方给出建议希望结局能够加强"不要得到救赎"的成分,于是修改后的结局就有明显的绝望感。对于这一改动,林奕含本人也很认同。通过陆续和张蕴方的邮件往来,魏强对这本书的内容以及出版过程有了更深的了解,也让他更加迫切地想要去做这本书的简体中文版。一直到7月中旬,磨铁终于等到了从台湾来的版权代理公司,双方面谈了两个多小时,磨铁向对方展示了详细的方案,包括邀请推荐嘉宾的名单、最大限度保持作者文字完整的方法、后期的营销计划等。讨论过程顺利且充实。半个月后,魏强收到了张蕴方的一封邮件:"说恭喜好像很奇怪,但做书才是辛苦的开始。"他们获得了这本书的授权,漫长的努力与等待都是值得的。

3. 文字近乎原文呈现,内容上增加了推荐语、注释

文中有关性的描写是生冷而老练的,魏强说:"就像我们并不认为王小波在《黄金时代》中的性描写肮脏一样,《房思琪》一书在下笔时有着过人的功力,这种干净而克制的书写是为小说服务的,展现着作者的文学功底,不应该做过多删改。"出版社编辑老师也认同,有了统一的审稿标准,也保证了对作者文字的尊重,最终简体版在文字上也确实达到了以上标准,仅有几处少量改动,近乎原文呈现。

简体版的开篇是一批学者和作家对这本书的郑重推荐语,有李银河、戴锦华、骆以军、张悦然、冯唐、蒋方舟、詹宏志、史航、汤舒雯、衣锦夜行的燕公子、杨庆祥、张伟、李尚龙等业界名人。魏强说:"最先邀请的是张悦然和蒋方舟两位作家。时值磨铁图书出版了张悦然的新书《我循着火光而来》,在新书活动上,我给张老师送上小说稿件,张老师知道这本书,很爽快地答应推荐。另外我们联系了早在5月时就第一时间在微博发表读后感的青年作家蒋方舟,同样得到了肯定的答复。联系李银河老师时,开始我还比较忐忑,但李老师在收到稿件后很快回复,看了小说很喜欢,表示愿意推荐。书

的制作过程有一定的时间,12月中旬时得知《房思琪》获得了台湾2017 Openbook年度华文好书奖,出版人、作家詹宏志先生为之致颁奖词,我们第一时间通过邮件发去了请求,詹先生乐于推荐,他精准的推荐语我特别认同。"

文本内容的第二处增加是对书中的一些专有词语如"阿娜""街友""二一通知单""奇摩新闻"等做了注释,并请游击文化在审核书稿时一并审核了上述部分。魏强说:"虽然只是小小的注释,但文字背后承载的是两岸文化的沟通和交流。"

4. 简体版的封面如何呈现也是一个不小的挑战

繁体版封面是编辑张蕴方一人所做。问到繁体版封面含义时,张蕴方说:"封面的那抹颜料中间那抹颜料是请朋友画的……因为事情太复杂,(思琪或所有人)可能也没办法完全找到一种说法,理解自己人生里发生过的那到底是什么事,也许中间还有感情。所以说是个不完全的东西。"

呈现在我们面前的这版简体版的封面是设计师山川所做。在设计之初也遇到了困难,做了几版方案后仍然达不到想要的效果,一筹莫展之际找到了设计师山川。整个内封为靛蓝色,矮外封呈现粉色、蓝色、黑色三种颜色。怡婷从思琪的日记中寻找思琪疯掉的真相,思琪从被性侵的那天开始记日记,那是粉红色脸皮的日记,正文是蓝色钢笔字,注解的字是红色的。内封的蓝色,矮外封的粉色、蓝色与思琪日记本的粉红色脸皮和蓝色钢笔字相呼应。封面上的黑色色块对粉色与蓝色的纯粹带来一种压迫感。关于此书的设计思路,设计师的解读是"重新审视之后我认为小说对作者来说有两种意义,一是作为反抗者的一种行为存在,二是作为受伤女性的性别存在。前者的受众更广,后者却更能凸显特性。反抗者首先得是一个反抗者,其次才能是女性,这让我对于封面的颜色选择更趋向于繁体版的选色,抑郁压力的蓝紫色与充满脆弱温柔的粉色正是这两个形态存在的标准颜色";"我选择了中国画家常玉的作品来作为封面的核心展示,常玉与林奕含在某种程度上很相似,从画面中迸发出的一种精神自由和脆弱坚韧的束缚感让我觉得这就是林奕含文字所带来给我的感受。方案采用书腰与矮外封,上面露出内封一部分,用了鹿的折返将形态展现。方案中有黑色色块,这个黑色色块我认为是一种混进颜色之中的一种无形的反抗力量,撞色后更具特点。另外再说一个题外话,这本书的立场很微妙,你既可以看作是一个女性作家对女性反抗意识觉醒和毁灭的记录,也可以看作是小女孩的挟私报复,这个很难切割开,作者现在去世令这种切割变得更加不可实现。还有关于暴力,用美的语言写暴力,即使语言是美到极致的,但书写暴力到底应该到什么水准,这种书写到底是记录了文学的美还是记录了暴力,很难界定,这也是为什么我觉得这本书非常难做封面的原因,所以做了这个相对稳妥的封面,不让封面去影响到读者对于小说内容的判断"。最终的内文和封面送给台湾出版社审定,所有修改得到了游击文化的认可。

从选题到出版的半年多时间,这本"和自己生命能够发生激荡的作品"让魏强第一次感受到出版也能是一件如此沉重的事情,他说:"从总编辑到各环节的同事都付出很多,为读者提供好书是磨铁图书的出版使命,而我们也用实际行动去践行着这个使命。在2018年里,我们会让更多读者阅读到《房思琪的初恋乐园》,这部带给我们震撼心灵的作品,也必将持续和社会以及文学的讨论激荡下去,永远流传。"

(五)全方位立体式营销推广

1. 名人推荐,营造口碑

《房思琪的初恋乐园》因其特殊的意义,受到业界的广泛关注,众多文人名人为其作推荐语,给了该书极高的评价。著名社会学家李银河说:"从社会学角度看,这部小说涉及了儿童性侵和家庭暴力这两大社会主题。从纯文学角度看,林奕含令人肃然起敬,她是一位杰出的小说家,属于'老天赏饭'的类型。"另外,还有戴锦华、骆以军、张悦然、冯唐、蒋方舟、詹宏志、史航、汤舒雯、衣锦夜行的燕公子、杨庆祥、张伟、李尚龙等学者作推荐语,纷纷向公众推荐此书。由于众多名人推荐和口耳相传,该书畅销情况比想象中更为广阔。

2. 社会热点，引起共情

《房思琪的初恋乐园》出版两个月之后，作者林奕含因抑郁症在家自杀，随后其父母通过出版社发表声明，表示《房思琪的初恋乐园》中的房思琪就是林奕含的原型，因为长时间遭受补习班教师的性侵，引发抑郁症，导致自杀，诱奸林奕含的老师被广泛议论。因为此事件涉及社会、伦理、性侵、师生、抑郁症、自杀这些敏感话题，一时间受到社会各界广泛关注，即使出版社并没有因为作者的去世事件去作为热点事件来对新书做营销宣传，《房思琪的初恋乐园》也被更多的人关注。

在《房思琪的初恋乐园》出版热销期间，众多涉及性侵的社会事件的发生，使得这本书也被更多的人关注。如2017年5月，"北京电影学院性侵案"的新闻在网上热传，当事人阿廖沙自称在北影就读期间曾遭班主任朱某的父亲性侵害，引起社会的关注。2017年10月，美国反性骚扰运动Mee too运动从美国发起，迅速引起全球热议。2017年11月，反映儿童性侵题材的电影《嘉年华》上映。2018年初，美国堪萨斯大学和比利时的摩伦贝克相继举办了一场名为："What were you wearing？当时你穿的什么衣服？"的展览。2018年4月，北京大学中文系1995级本科女生高岩自杀事件，称时任北大副教授沈阳曾对高岩做出性侵行为，这被认为与高岩1998年自杀有关。林奕含在最后的访谈中说道："人类历史上最大规模的屠杀，是房思琪式的强暴。"《房思琪的初恋乐园》让人们看到世界的背面，也带给被遭遇性侵或家庭暴力的人与之反抗跟活下去的勇气。

3. 媒体宣传，持续热销

新书出版的前三个月是营销的关键期，磨铁图书为《房思琪的初恋乐园》制订了详细周密的营销方案。

第一阶段，1月20日至1月26日，利用广大媒体网络发布新书报道，在凤凰文化、新浪读书、北京文艺网、现代快讯等媒体发布新书报道，其中凤凰网连续发布两篇新闻报道：《林奕含：你可以假装世界上没人以强暴小女孩为乐》、《〈房思琪的初恋乐园〉简体版面世，再次直面文学与恶》。微博是一条重要的营销渠道,磨铁图书在微博官方账号连续3天发布上市倒计时,1月25日发布上市微博,带当当、京东、亚马逊、微博图书、博库、文轩、凤凰新华、中信书店、磨铁旗舰店购书链接和林奕含采访视频;"我的读书小马甲""好书天天荐""读书邮箱""新浪读书""当当读书汇""止庵""尚龙老师"这些大流量的微博公号及出版界名人转发推荐新书;通过"梨视频"发布作者视频,带书封及上市信息,并进行转发抽奖,"透明人Glassman"微博视频提及作者及新书;微信宣传方面,20家公号推送新书推荐:新京报书评周刊、凤凰网文化、新浪读书、做书、单向街书店、华文好书、不止读书、鲤newriting、这儿有好书、豆瓣公号、博库书城、人间事儿、女报、小读物、当当读书汇book等。新书刚出版,在豆瓣最受关注图书榜排第三名,虚构类作品榜单排第二名,豆瓣评分9.1分。销售渠道方面,京东、当当新书上市、首页轮转推广,亚马逊新品排行小说类TOP2,京东新书畅销小说类TOP9。

第二阶段,1月27日至2月2日,在北青周刊、北京青年报、凤凰文化、梨视频、北京晨报、文学报、广州日报、界面新闻、每日新报、信息时报、好奇心日报等12家媒体刊登新书报道,网易新闻、中华网、北京文艺网等转载报道。微博继续转发赠书活动,"新京报书评周刊""梨视频文化""界面""kindle中国""文轩网""江苏凤凰新华书店""掌阅读书"等十多个书店和网站宣传新书,新书登上亚马逊好书榜。继续在近30个微信公号推荐新书:十点读书、书单、真实故事计划、新京报书评周刊、三联生活周刊、豆瓣读书、界面文化、当当网、新浪微读书等。这一阶段,仍是豆瓣最受关注图书榜TOP3。渠道方面,当当新书总榜TOP5,京东小说新榜TOP4,亚马逊小说热卖榜第一,总榜第十。

第三阶段:2月3日至2月9日,在北京青年报、南方都市报、潇湘晨报、新京报、北京日报刊等7家媒体登新书报道。微博推书:"新浪读书""知乎""顾剑""一个APP工作室""止庵""单读"等大流量公号推书,亚洲好书榜持续在榜。持续在近20各微信公号推送新书推荐:新京报书评周刊、未读、环球人物、单读、做书、南京先锋书店、方所文化、新浪读书、当当读书汇等。这一阶段,豆瓣最受关注图书榜跃升至第一。渠道方面,在当当新书总榜排第十,小说类新书排第三,京东图书小说类新书排第二,亚马逊小说类新书榜单排第十,网易蜗牛读书七日在读榜单排第二。

第四阶段:2月10日至3月30日,新京报等9家媒体报道新书,持续在十多个大流量微博公号发布新书推荐,亚洲好书榜持续在榜。持续在18个微信公众账号推荐新书。这一时期,在当当新书总榜排第十,京东新书小说榜排第三,亚马逊图书总榜排第四,新书总榜排第二。

为配合媒体和图书的整体宣传,磨铁在全国各地举办了多场读书会与宣讲会,几乎场场爆满,每做一次宣讲会,都会引发一次该书购买的小高潮,从而抬高《房思琪的初恋乐园》的畅销旺势。如2018年3月7日,中国国际广播电台南海之声频道轻阅读栏目谈《房思琪的初恋乐园》。4月19日,磨铁图书举办"凝视深渊——林奕含逝世一周年 重读房思琪"活动。4月26日,新京报书评周刊发起"这一年来,林奕含改变了我们什么?"读者故事征集活动。4月27日,在北京朝阳单向空间,止庵、戴潍娜、杨早三位老师进行主题为"文学内外·重读《房思琪的初恋乐园》纪念青年作家林奕含逝世一周年"的对谈活动。5月2日至31日,广州1200bookshop书店将《房思琪的初恋乐园》作为五月的主题书,并做了一系列读书会与宣讲活动。

四、精彩阅读

李国华站在补习班的讲台上,面对一片发旋的海洋。抄完笔记抬起脸的学生,就像是游泳的人在换气。他在长长的黑板前来往,就像是在画一幅中国传统长长拖拉开来的横幅山水画。他住在他自己制造出来的风景里。升学考试的压力是多么奇妙!生活中只有学校和补习班的一女中学生,把压力揉碎了,化成情书,装在香喷喷的粉色信封里。其中有一些女孩是多么丑!羞赧的红潮如疹,粗手平伸,直到极限,如张弓待发,把手上的信封射给他。多么丑,就算不用强来他也懒得。可是正是这些丑女孩,充实了他的秘密公寓里那口装学生情书的纸箱。被他带去公寓的美丽女孩们都醉倒在粉色信封之海里。她们再美也没收过那么多。有的看过纸箱便听话许多。有的,即使不听话,他也愿意相信她们因此而甘心一些。

一个女孩从凌晨一点熬到两点要赢过隔壁的同学,隔壁的同学又从两点熬到三点要赢过她。一个丑女孩拼着要赢过几万考生,夜灯比正午太阳还热烈,高压之下,对无忧的学生生涯的乡愁、对幸福蓝图的妄想,全都移情到李老师身上。她们在交换改考卷的空当讨论到他,说多亏李老师才爱上语文,不自觉这句话的本质是,多亏语文考试,李老师才有人爱。不自觉期待去补习的情绪中性的成分。不自觉她们的欲望其实是绝望。幸亏他的高鼻梁。幸亏他说笑话亦庄。幸亏他写板书亦谐。要在一年十几万考生之中争出头的志愿,一年十几万考生累加起来的志愿,化作秀丽的笔迹刻在信纸上,秀丽之外,撇捺的尾巴战栗着欲望。一整口的纸箱,那是多么庞大的生之呐喊!那些女孩若有她们笔迹的一半美便足矣。他把如此庞大的欲望射进美丽的女孩里面,把整个台式升学主义的惨痛、残酷与不仁射进去,把一个挑灯夜战的夜晚的意志乘以一年三百六十五天,再乘以一个丑女孩要胜过的十几万人,通通射进美丽女孩的里面。壮丽的高潮,史诗的诱奸。伟大的升学主义。

补习班的学生至少也十六岁,早已经跳下洛丽塔之岛。房思琪才十二三岁,还在岛上骑树干,被海浪舔个满怀。他不碰有钱人家的小孩,天知道有钱人要对付他会多麻烦。一个搪瓷娃娃女孩,没有人故意把她砸下地是绝不会破的。跟她谈一场恋爱也很好,这跟帮助学生考上第一志愿不一样,这才是真真实实地改变一个人的人生。这跟用买的又不一样,一个女孩第一次见到阳具,为其丑陋的血筋哑笑,为自己竟容纳得下其粗暴而狗哭,上半脸是哭而下半脸是笑,哭笑不得的表情。辛辛苦苦顶开她的膝盖,还来不及看一眼小裤上的小蝴蝶结,停在肚脐眼下方的小蝴蝶,真的,只是为了那个哭笑不得的表情。求什么?求不得的又是什么?房思琪的书架就是她想要跳下洛丽塔之岛却被海给吐回沙滩的记录簿。

洛丽塔之岛，他问津问渡未果的神秘之岛。奶与蜜的国度，奶是她的胸乳，蜜是她的体液。趁她还在岛上的时候造访她。把她压在诺贝尔奖全集上，压到诺贝尔都为之震动。告诉她她是他混沌的中年一个莹白的希望，先让她粉碎在话语里，中学男生还不懂的词汇之海里，让她在话语里感到长大，再让她的灵魂欺骗她的身体。她，一个满口难字生词的中学生，把她的制服裙推到腰际，蝴蝶赶到脚踝，告诉她有他在后面推着，她的身体就可以赶上灵魂。楼上的邻居，最危险的地方就是最安全的地方。一个搪瓷娃娃女孩。一个比处女还要处的女孩。他真想知道这个房思琪是怎么哭笑不得，否则这一切就像他搜罗了清朝妃子的步摇却缺一支皇后的步摇一样。

李国华第一次在电梯里见到思琪，金色的电梯门框一开，就像一幅新裱好框的图画。讲话的时候，思琪闲散地把太阳穴磕在镜子上，也并不望镜子研究自己的容貌，多么坦荡。镜子里她的脸颊是明黄色，像他搜集的龙袍，只有帝王可以用的颜色，天生贵重的颜色。也或者是她还不知道美的毁灭性。就像她学号下隐约有粉红色胸罩的边沿，那边沿是连一点蕾丝花都没有，一件无知的青少女胸罩！连圆滑的钢圈都没有！白袜在她的白脚上都显得白得庸俗。方求白时嫌雪黑。下一句忘记了，无所谓，反正不在"教育部"颁布的那几十篇必读里。

英文老师问物理老师："你还是那个想当歌星的？几年了？太厉害了，维持这么久，这样跟回家找老婆有什么不一样。"其他两个人笑了。物理老师无限慈祥地笑了，口吻像在说自己的女儿："她说唱歌太难，现在在当模特儿。""会出现在电视里吗？"物理老师摘下眼镜，擦拭鼻垫上的油汗，眼神茫然，显得很谦逊，他说："拍过一支广告。"其他三个人简直要鼓掌，称许物理老师的勇气。李老师问："你就不怕别人觊觎？"物理老师似乎要永久地擦眼镜下去，没有回答。数学老师开口了："我已经上过三个仪队队长了，再一个就大满贯了。"干杯。为所有在健康教育的课堂勤抄笔记却没有一点性常识的少女干杯。为他们插进了联考的巨大空虚干杯。

英文老师说:"我就是来者不拒,我不懂你们在坚持什么,你们比她们自己还矜持。"李老师说:"你这叫玩家,玩久了发现最丑的女人也有最浪最风情的一面,我没有那个爱心。"又羞涩地看着杯底,补了一句,"而且我喜欢谈恋爱的游戏。"英文老师问:"可是你心里没有爱又要演,不是很累吗?"

李国华在思考。数了几个女生,他发现奸污一个崇拜你的小女生是让她离不开他最快的途径。而且她愈黏甩了她愈痛。他喜欢在一个女生面前练习对未来下一个女生的甜言蜜语,这种永生感很美,而且有一种环保的感觉。甩出去的时候给他的离心力更美,像电影里女主角捧着摄影机在雪地里旋转的一幕,女主角的脸大大地堵在镜头前,背景变成风景,一个四方的小院子被拖拉成高速铁路直条条闪过去的窗景,空间硬生生被拉成时间,血肉模糊地。真美。很难向英文老师解释,他太有爱心了。英文老师不会明白李国华第一次听说有女生自杀时那歌舞升平的感觉。心里头清平调的海啸。对一个男人最高的恭维就是为他自杀。他懒得想为了他和因为他之间的差别。

数学老师问李老师:"你还是那个台北的高二生吗?还是高三?"李老师嘴巴没有,可是鼻孔叹了气:"有点疲乏了,可是你知道,新学年还没开始,没有新的学生,我只好继续。"物理老师不知道什么时候戴上的眼镜,突然抬高音量,自言自语似的:"那天我是和我太太一起在看电视,她也不早点跟我讲广告要播了。"其他人的手掌如落叶纷纷,拍打他的肩膀。干杯。敬从电视机跳进客厅的第三者。敬从小旅馆出来回到家还能开着灯跟老婆行房的先生。敬开学。英文老师同时对物理老师和李老师说:"我看你们比她们还贞节,我不懂为什么一定要等新一批学生进来。"

外头的缆车索斜斜划破云层,缆车很远,显得很小,靠近他们的窗子的缆车车箱子徐徐上爬,另一边的缓缓下降。像一串稀松的佛珠被拨数的样子。李国华心里突然播起清平调。云想衣裳花想容。台湾的树木要入秋了还是忒繁荣。看着云朵竟想到房思琪。可是想到的不是衣裳。是头一次拜访时,她说:"妈妈不让我喝咖啡,可是我会泡。"这句话想想也很有深意。思琪伸长了手拿橱柜顶端的磨豆机,上衣和下裳之间露出好一大截坦白的腰腹。细白得像绿格子作文纸先跳过待写的一个生词,在交卷之后才想起终究是忘记写,那么大一截空白,改卷子的老师也不知道学生原本想说的是什么。终于拿到了之后,思琪的上衣如舞台布幕降下来,她没有抬头看他一眼,可是磨咖啡豆的脸红红的。后来再去拜访,磨豆机就在流理台上,无须伸手。可是她伸手去拿磨豆机时的脸比上次更红了。

最终让李国华决心走这一步的是房思琪的自尊心。一个如此精致的小孩是不会说出去的,因为这太脏了。自尊心往往是一根伤人伤己的针,但是在这里,自尊心会缝起她的嘴。李国华现在只缺少一个缜密的计划。房爸爸房妈妈听说老出差。也许最困难的是那个刘怡婷。把连体婴切开的时候,重要的脏器只有一副,不知道该派给谁。现在只希望她自珍自重到连刘怡婷也不告诉。结果,李国华的计划还没酿好,就有人整瓶给他送来了。

——节选自《房思琪的初恋乐园》 第40~48页

伊纹姐姐今天坐在那里,阳光被叶子筛下来,在她露出来的白手臂上也跟星星一样,一闪一闪的。伊纹跟怡婷说:"怡婷,你才十八岁,你有选择,你可以假装世界上没有人以强暴小女孩为乐;假装从没有小女孩被强暴;假装思琪从不存在;假装你从未跟另一个人共享奶嘴、钢琴,从未有另一个人与你有一模一样的胃口和思绪,你可以过一个资产阶级和平安逸的日子;假装世界上没有精神上的癌;假装世界上没有一个地方有铁栏杆,栏杆背后人精神癌到了末期;你可以假装世界上只有马卡龙、手冲咖啡和进口文具。但是你也可以选择经历所有思琪曾经感受过的痛楚,学习所有她为了抵御这些痛楚付出的努力,从你们出生相处的时光,到你从日记里读来的时光。你要替思琪上大学,念研究所,谈恋爱,结婚,生小孩,也许会被退学,也许会离婚,也许会死胎。但是,思琪连那种最庸俗、呆钝、刻板的人生都没有办法经历。你懂吗?你要经历并牢记住她所有的思想、思绪、感情、感觉、记忆与幻想，她的爱、讨厌、恐惧、失重、荒芜、柔情和欲望，你要紧紧拥抱着思琪的痛苦，你可以变成思琪，然后，替她活下去，连思琪的份一起好好地活下去。"怡婷点点头。伊纹顺顺头发，接着说："你可以把一切写下来，但是，写，不是为了救赎，不是升华，不是净化。虽然你才十八岁，虽然你有选择，但是如果你永远感到愤怒，那不是你不够仁慈，不够善良，不富同理心，什么人都有点理由，连奸污别人的人都有心理学、社会学上的理由，世界上只有被奸污是不需要理由的。你有选择——像人们常常讲的那些动词——你可以放下，跨出去，走出来，但是你也可以牢牢记着，不是你不宽容，而是世界上没有人应该被这样对待。思琪是在不知道自己的结局的情况下写下这些，她不知道自己现在已经没有了，可是，她的日记又如此清醒，像是她已经替所有不能接受的人——比如我——接受了这一切。怡婷，我请你永远不要否认你是幸存者，你是双胞胎里活下来的那一个。每次去找思琪，念书给她听，我不知道为什么总是想到家里的香氛蜡烛，白胖带泪的蜡烛总是让我想到那个词——尿失禁，这时候我就会想，思琪，她真的爱过，她的爱只是失禁了。忍耐不是美德，把忍耐当成美德是这个伪善的世界维持它扭曲的秩序的方式，生气才是美德。怡婷，你可以写一本生气的书，你想想，能看到你的书的人是多么幸运，他们不用接触，就可以看到世界的背面。"

——节选自《房思琪的初恋乐园》 第220~222页

穆斯林的葬礼

霍达 著

北京出版集团公司
北京十月文艺出版社

畅销书案例分析 2

《穆斯林的葬礼》

王丹阳

一、图书基本信息

（一）图书介绍

书名：穆斯林的葬礼
作者：霍达
开本：32 开
字数：527 千字
定价：49.80 元
书号：9787530212837
出版社：北京十月文艺出版社
品牌：新经典文化
出版时间：2015 年 9 月

（二）作者介绍

霍达，女，生于 1945 年 11 月 26 日，回族，北京人。自幼酷爱文学艺术，偏爱太史公的春秋笔法。成年后曾师从史学家马非百先生研究中国历史，尤攻秦史。

国家一级作家,第七、第八届全国政协委员,第九届全国人大代表,第十、第十一、第十二届全国政协常委,中央文史研究馆馆员,国务院授予政府特殊津贴。著有多种题材的文学作品约八百万字,其中,长篇小说《穆斯林的葬礼》获第三届茅盾文学奖,长篇小说《补天裂》获第七届"五个一工程奖"的长篇小说和电视剧两个奖项,并被中宣部、文化部、新闻出版总局、广播电视总局、中国文联、中国作协评为建国五十周年全国十部优秀长篇小说之一;中篇小说《红尘》获第四届全国优秀中篇小说奖;报告文学《万家忧乐》获第四届全国优秀报告文学奖,中国消费者协会授予"保护消费者杯"全国个人最高奖及"3·15金质奖章"等;报告文学《国殇》获"中国潮"报告文学奖;话剧剧本《红尘》获第二届国家舞台艺术精品工程优秀剧本奖,电视剧《鹊桥仙》获全国电视剧"飞天奖";电影剧本《我不是猎人》获全国优秀少年儿童读物奖。电影剧本《龙驹》获建国四十周年优秀电影剧本奖。代表作尚有长篇小说《未穿的红嫁衣》、长篇报告文学《搏浪天涯》,大型历史电影剧本《秦皇父子》,电视连续剧本《苍天圣土》、话剧剧本《海棠胡同》等。

多年来,霍达曾先后应邀参加美国爱荷华国际写作中心,赴英国、法国、俄罗斯、日本、西班牙以及我国港台地区进行学术活动,并曾应邀出任《港澳大百科全书》编委,第十八届开罗国际电影节评委,第四次世界妇女代表大会等职,生平及成就载入《中国当代名人录》,英国剑桥版《世界名人录》等大型辞书。

二、畅销盛况

《穆斯林的葬礼》最初发表于《长篇小说》季刊总第17、18期,1987年第6期《中国作家》选载,1988年由北京十月文艺出版社出版,引起强烈的社会反响,被评论为"是我国当代少数民族文学中第一部成功表现回族人民传统文化和现实生活的长篇小说"。

1989年，中央人民广播电台在《小说连播》节目全文播出本书，中国国际广播电台和许多地方电台多次转播。1991年获中国作家协会第三届茅盾文学奖，此外，还曾获得第三届全国少数民族文学创作奖，并陆续出版了英、法、阿拉伯、乌尔都等语言的译本。1992年，中国台湾《世界论坛报》以长达一年的时间全文连载本书。1993年中国台湾国际村文库书店出版了《穆斯林的葬礼》上、下册繁体中文版。2005年《穆斯林的葬礼》收入人民文学出版社"茅盾文学奖获奖作品全集"。2008年，中央人民广播电台将《穆斯林的葬礼》重新录制为百集配乐朗诵大制作。2009年，《穆斯林的葬礼》收入人民文学出版社"新中国60年长篇小说典藏"、作家出版社"共和国作家文库"。[1]

　　《穆斯林的葬礼》先后被列入北京市十大畅销书、全国文教类优秀畅销书、家庭书架百种常备书目、北京市青少年1994—1997年读书工程推荐书目、大学生喜爱的作家及其作品，部分章节选入高中和大学语文教材。登上"中国青年最喜欢的二十本古今中外名著""一生必读的六十部名著""香港中文大学推荐的八十七本书""21世纪新四大名著"等多个推荐榜单。据香港《镜报》月刊1996年7月号报道，在中国青年最喜欢的二十本古今中外文学名著中，《穆斯林的葬礼》名列第五位。

　　2012年，《穆斯林的葬礼》出版25周年，累计正版销量200万册，2015年正版销量累计300万册，其中2014年一年至少销售30万册。2017年，出版30周年正版累计销售400万册并保持年销售40万册。据开卷数据显示，《穆斯林的葬礼》在2015—2016年每季度虚构类畅销书均在排行榜前三十名内。

---

[1] 霍达.穆斯林的葬礼[M].北京：北京十月文艺出版社，2015.

三、畅销攻略

(一)好内容是畅销的根本

1. 浓烈的悲剧色彩,令人痛彻心扉

(1)时代的悲剧

《穆斯林的葬礼》里存在两个时代大背景。一是战争背景。在中日战争时期,日本不断向中国各地发起进攻,生灵涂炭。姑妈从关外逃难到北平,丈夫孩子都被日本人杀害。韩子奇为了保护家当,在英国人沙蒙·亨特的帮助下,将贵重的玉器转移到英国,梁冰玉也一块前行。国内卢沟桥事件后北平沦陷,奇珍斋生意萧条,生活艰难。但是没想到英国也发生战乱,德国向英国发动攻击,奥利佛惨死,韩子奇与韩冰玉苟且偷生,由于战乱无法联系。期间发生了一些事情,奇珍斋易主、韩子奇韩冰玉相恋、韩冰玉出生等。另一个时代背景是"文化大革命"时期,楚雁潮自身十分优秀,但由于父亲的政治问题,备受歧视,而且由于当时风气不开放,楚雁潮初始时无法面对他对韩新月的感情。"红卫兵"将韩子奇划为资本家,闯进博雅宅,捣毁木雕影壁,涂黑了抄手游廊上的油漆彩画,抄走了韩子奇所有的藏玉,将韩子奇一家人从里屋赶到倒座南房,将韩子奇用生命守护的玉毁于一旦。

(2)人物的悲剧

韩君碧是整个故事中形象塑造最为丰满,但也是最为悲剧的。《穆斯林的葬礼》中塑造了一系列生动的人物形象,踏实稳重但懦弱的韩子奇,精明霸道的韩君碧,独立自由的韩冰玉,天真纯洁的韩新月,儒雅深情的楚雁潮,老实忠厚的韩天星。作者通过各种事情塑造人物形象,在这些人物中,韩君碧的形象最为丰满典型。韩君碧本是家里面的大女儿,精明能干,开朗聪慧,但是由于父亲突然去世,便与韩子奇结合,但后来由于战争,接受不了丈夫与妹妹的双重背叛,开始逐渐失去自我,性格变成霸道强势,冷酷刻薄,表面上显露着压人的威势,其实内心隐藏着悲痛。由于韩君碧是虔诚的穆斯林,坚持汉族回族不能通婚,破坏儿子韩天星与小荣子的恋爱,强迫韩天星迎娶自己不喜欢的陈淑彦,破坏女儿韩新月的师生恋,即使在女儿病重即将离世之际,对女儿的恋情也毫不退让,造成了一场又一场的悲剧。

即使可恨又可悲,韩君碧对家庭依然有厚重的责任感和浓浓的热爱。在梁亦清无常,奇珍斋被蒲寿昌迫害到家破人亡之际,还是韩君碧将奇珍斋改为了茶水房,维持了一家人的生计,给后来的韩子奇光耀家门埋下伏笔。即使到后来韩子奇远渡重洋,日本人侵入北平,整个城市生灵涂炭,恶劣的环境下,他依然还是凭借着自己的执着与坚韧维持着风雨飘摇的奇珍斋,甚至想出了通过打麻将的方法使店铺回光返照。天星的婚礼,姑妈的葬礼,每一样都办得风风光光,井井有条。但因为坚持伊斯兰教信仰,与现代文化相抗争,最终落得家破人亡。

(3)爱情悲剧

在文中有两段爱情悲剧。一是韩子奇与梁冰玉,两人在伦敦躲避战乱时,朝夕相处,唤起了韩子奇深藏于心底的爱火,他们一起在国外度过美好的十年,但这是建立在特定境况下的爱情,缺乏生存的现实土壤。所以,当他们抑制不住对家乡的思念回到北京时,这段在战火中燃发的爱情遭到了最强大的阻力。但是《古兰经》明文规定,严禁娶两姐妹,于是,这场在时代变迁中的爱情在强大的宗教面前注定要成为悲剧。最终韩子奇选择了视为生命的玉,导致梁冰玉再次流浪异国。二是韩新月与楚雁潮的纯真感情,一方面由于师生恋的禁忌;另一方面由于回汉不能通婚,新月惨死,导致爱情以悲剧告终。

2. 鲜明的民族文化,吸引广大读者

《穆斯林的葬礼》是中国当代文学第一部表现回族人民特别是现代都市中回族人民的生存境况和内心情感世界的史诗性作品,作者主要描写了回族韩氏一家60年的沉浮。霍达以母族文化——回族为切入点,同时立足于燕京古都这一大背景,文中对民族文化意识的追求既表现在对人物的文化心理特征的描写,也表现在浓郁的民族文化氛围的描写中,展现了回族的传

统文化,穆斯林语言服饰等特点,婚丧嫁娶,晨课宵礼的礼仪形式,买卖规矩,北京回族居民来往逢年过节的风俗讲究。

冰心曾说:"看了《穆斯林的葬礼》这本书就如同走进一个完全新奇的世界,书里的每一个细节,我都很'陌生'。"文中大量描写回族文化,有日常礼仪:

《圣训》规定的念、拜、课、斋、朝这些"五功"是每一个穆斯林必尽的基本义务。念功就是立誓信教;拜功就是每日五次向着麦加方向礼拜;课功就是完纳天课,乐善好施,把自己的财富和孤寡贫困的人们分享;斋宫就是每年的斋月戒食把斋;朝功就是在有生之年至少一次前往麦加朝觐天房❶。

也有婚姻的规矩:

按照回放的习俗,男婚女嫁,不是自由恋爱,私订终身就可以了事儿的,任何一方有意,先要请"古瓦西(媒人)"去保亲,往返几个回合,双方都觉得满意,给了媒人酬谢,才能准备订婚。❷

还有一些回族用语:

这时老者朝他微微躬身,道了一声:"按赛俩目而来坤。"梁亦清一惊,慌忙答礼,也是右手抚胸,微微躬身:"吾而来坤闷赛俩目!"❸新娘含羞念"达姆"(愿嫁),新郎念"盖毕尔图"(愿娶)。❹低声说"撒瓦卜,出散个乜贴"即谢谢您给点儿施舍。❺

3. 丰富的玉器知识,增加内容可读性

玉在《穆斯林的葬礼》中不仅是家族赖以生存的支柱,也起着故事引线的作用。在韩子奇的眼中,玉比自己的生命还要重要。由于韩亦清和韩子奇都是琢玉的匠人,在文中有大量有关玉的描写,玉的外观、品相、制作过程

---

❶ 霍达.穆斯林的葬礼[M].北京:北京十月文艺出版社,2015:607.
❷ 霍达.穆斯林的葬礼[M].北京:北京十月文艺出版社,2015:179.
❸ 霍达.穆斯林的葬礼[M].北京:北京十月文艺出版社,2015:15.
❹ 霍达.穆斯林的葬礼[M].北京:北京十月文艺出版社,2015:181.
❺ 霍达.穆斯林的葬礼[M].北京:北京十月文艺出版社,2015:186.

以及有关玉的历史和知识。正是有了这些有关玉的描写,使整个小说的内容更加充实,人物形象更加丰满。

(二)写作风格个性独特

1. 接地气文字风格,通俗易懂

霍达是北京人,在《穆斯林的葬礼》中运用了大量的北方方言,使作品里充满了京味的烟火气息,更加接地气。

蒲寿昌出了门,也觉得有些尴尬,可当着韩子奇,也不好说什么,只笑笑说,"你这个师妹,将来可是个没人娶的主儿!"[1]

每日早晨四时,徒弟们就已起床,先拿扫帚把儿,把店堂内外打扫得干干净净,再拿掸子把儿,把货物掸得一尘不染儿[2]

一变天儿就她就说腿疼,我给她揉揉、捂捂,过几天也就好了。[3]

以上例子里的"主儿""扫帚把儿""掸子把儿""捂捂"是都典型的北方方言。其次,儿化音在文内到处可见,有学者将其中的儿化音分为三个方面:

第一,区别词义。有些词在"儿化"之后会改变原意,例如:眼儿(小窟窿)—眼(眼睛)。说起来,这是成吉思汗上给他的位置,他自己倒是没什么本事,只会打眼/再也没有见过,那样美丽动人的眼。

第二,区别词性。有些词在"儿化"之后,会改变原来的词性,兼动、名两类的词或形容词,"儿化"后就固定成为名词;有的名词、动词,"儿化"后借用为量词。例如:亮(形容词)—亮儿(名词)。没有等放射出昏黄的光辉,玉儿在灯下做她的功课,姐姐碧儿就着亮儿,飞针走线/点了灯,屋子一下就亮了起来。

第三,表达情感。在文中,表达情感作用的"儿化"词很多,可表疑问,例如:我知道,这是你的经名儿!你的本名儿叫什么?"本名儿?"方言和儿化音

---

[1] 霍达. 穆斯林的葬礼[M]. 北京:北京十月文艺出版社,2015:107.
[2] 霍达. 穆斯林的葬礼[M]. 北京:北京十月文艺出版社,2015:112.
[3] 霍达. 穆斯林的葬礼[M]. 北京:北京十月文艺出版社,2015:222.

的使用,让故事更有画面感,人物形象更加丰满,形成别具一格的语言风格,不同的作者都会有个人特色,如张爱玲的上海情调,冯骥才的天津方言。[1]

2. 独特的叙事结构,让人欲罢不能

《穆斯林的葬礼》在叙事结构上表现为双线交叉,霍达在行文时善于设置悬念。从序曲开始,偶数章节是以"月"为中心线索展开,奇数章节是以"玉"为中心叙述。"月"的主要章节是围绕穆斯林家族中的第三代女主人公"韩新月"展开的故事叙述。"玉"是以穆斯林家族的第二代男主人公"韩子奇"展开的故事叙述,增加了读者的阅读趣味。[2]

序　曲　月梦	第一章　玉魔
第二章　月冷	第三章　玉殇
第四章　月清	第五章　玉缘
第六章　月明	第七章　玉王
第八章　月晦	第九章　玉游
第十章　月情	第十一章　玉劫
第十二章　月恋	第十三章　玉归
第十四章　月落	第十五章　玉别

尾声　月魂

作者也采取了倒叙的方式,序曲中,梁冰玉回到了家门口,在叩响门扇的铜环的刹那戛然而止,第一章开始时间回到商场上春风得意的韩子奇买下博雅大宅,随后在后面奇数章节分别讲述了韩子奇的奋斗过程,第二章,从韩新月的成长开始讲述起。直到最后一章第十三章才真相大白,知道了韩冰玉、韩夫人和韩新月之间的关系,令人茅塞顿开,唏嘘不已。除了使用倒叙的手法,作者还在整个故事的讲述穿插着大量的悬疑式回忆,有学者总结,悬念大致分为两类:一类是在章节间设置扣子;另一类是两条线索导致故事情节在读者阅读时间上产生的误差。作者在作品的前半部分不断地堆

---

[1] 曹越.浅析《穆斯林的葬礼》词汇特点[J].教育,2017(12):65.
[2] 偶禹舒.《穆斯林的葬礼》的叙事特点分析[J].唐山师范学院学报.2017(04):57-59.

积谜团,后面再一一解开,使故事有扣人心弦的效果,增强了文章的丰富性和曲折性。

3. 传播宗教真善美,契合心灵需求

在《穆斯林的葬礼》中,霍达摒弃了以政治关怀的形式书写少数民族历史,除了回族本身与伊斯兰教千丝万缕的联系以外,后"文化大革命"时期的文学创作环境也是造成这一创作意识的原因。

从1949年中华人民共和国成立到1976年"文化大革命"结束,整个二十七年的中国文学都是为政治服务的,上纲上线的创作意识使得政治对文学产生了过多的干预,导致两者之间的关系愈发向不正常的方向发展。文学不再是艺术的表达形式,而是彻底成为政治宣传和政治意向的工具。到了70年代末、80年代初,文学创作开始进入反思"文化大革命"创伤的阶段,伤痕文学、反思文学此起彼伏,作家与作者同时感受到政治所带来的犹如梦魇般的以前,而80年代中期以后,中国开始了社会转型,文学创作由此转入市场经济主导下着重于个人创作风格对新奇内容及形式的追求,对文学精神的拷问也变为对现代派、后现代主义、先锋派等华丽形式的趋之若鹜。因此,宗教无疑成为在政治当道,物欲横流的中国语境中表达精神的一个适宜的角度,这不仅来源于宗教的纯美和圣洁,同时也因为宗教所要求的祷告本身也起到了净化社会与人类主体的作用。❶

(三)营销扩大图书影响力

1. 广播播放提高知名度

1989年后,中央人民广播电台在《小说连播》节目于6月26日至9月10日隆重推出《穆斯林的葬礼》,后又两次全文播出本书,并在其他地方电台播出。特邀黑龙江台著名演员孙兆林演播。在广播制作时,编辑和演员同去牛街,体验穆斯林做礼拜,采录阿訇语言,熟悉穆斯林习俗、语言等,直至沉浸于长达两个多月的同期标题配乐录制工作,每天录音两集。1989年首版

---

❶吴耀宗.精神中国:1976年以后的文学求索[M].上海:复旦大学出版社,2013.

录制74集,每集30分钟,2000年修订版制作88集,每集25分钟。1991年叶咏梅制作的标题配乐《穆斯林的葬礼》荣获全国首届《小说连播》编辑一等奖。

广播播放对《穆斯林的葬礼》的影响力起到了扩大作用。1991年3月,茅盾文学奖在人民大会堂颁奖时,受邀出席的叶咏梅见到了评委、老评论家蔡葵。叶咏梅记得,蔡葵一见面就说:"小叶,你们这次广播真是厉害呀,好多评委都是听着你们的《小说联播》节目,才知道《穆斯林的葬礼》和《平凡的世界》这两部小说的。"

2. 名人推荐

冰心看完这本书如此评价它:"看了《穆斯林的葬礼》这本书,就如同走进一个完全新奇的世界。我觉得它是现代中国百花齐放的文坛上的一朵异卉奇花,挺然独立。它以独立的情节和风格,引起了'轰动的效应'。"冰心先生还为《穆斯林的葬礼》一书作序。刘白羽在序中说道:"读这部书,有如读《巴黎圣母院》,诡辩,奥妙无穷。"众所周知,名人推荐的书,大众都有兴趣读一读。

3. 茅盾文学奖

茅盾文学奖是《穆斯林的葬礼》隐形的名片,茅盾文学奖是我国文学界的权威奖项。获奖图书具有丰富的内容和深刻的内涵,《穆斯林的葬礼》是茅盾文学奖获奖作品中最有生命力的作品之一。大众在选择图书时,也会优先选择获奖图书。

4. 口碑传播

《穆斯林的葬礼》当初除了在期刊上连载、出版图书,还在中央人民广播电台和中国国际广播电台数次全文广播,把读者面扩大到无数的听众。出版社和作者收到了大量读者、听众的信件。他们当中,有德高望重的文坛前辈,有穆斯林同胞,有饱经沧桑的耄耋老者,有寒窗苦读的莘莘学子,绝大多数人是偶然从朋友或同学那里看到这本书,顺手翻一翻,便放不下了。许多人是在辛劳的工作或学习的间歇,一边捧着饭碗,一边收听广播,一集听完,意犹未尽,期待着明天同一时刻继续收听。

《穆斯林的葬礼》已畅销多年,霍达直到现在还会接到读者来信。据统计,在当当网关于《穆斯林的葬礼》的读者评论就有3万多条,其中不少都是饱含生命的激情,不乏文学的真知灼见。一位网友说:"这是第一次把一本书连看两遍才来评价的,不知道怎么用言语来形容霍达的文笔。这是需要多么超凡的文学功底才能写得出的文字!民族信仰、文化底蕴、封建传统、东西方差异都被描绘得淋漓尽致。它不仅是一本小说,更是一本教科书。它用一家三代人的荣辱兴衰带领读者领略了60年的历史进程。"

5. 良好的合作

《穆斯林的葬礼》从初版到再版都是在十月文艺出版社出版,已经30年。每次《穆斯林的葬礼》周年纪念和销量突破一定数量时,十月文艺出版社都会举办新闻发布会,邀请霍达与读者进行读者交流会。

作为《穆斯林的葬礼》(新版)一书的责任编辑,北京十月文化传媒有限公司编辑郑实回忆说,为了赶在纪念该书创作20周年之际以全新品相亮相,同时举行一系列的宣传活动,在近一个月的出版时间里,公司从领导到普通工作人员基本每天都在加班。凡是和出版该书有关的工作都是环节畅通、有求必应、非常高效。不仅在这样短的时间内推出了该书的市场精装版,还同时赶制出了纪念珍藏版,《穆斯林的葬礼》创作20周年读者座谈会也如期顺利举行。《穆斯林的葬礼》的销量也由原来的每年平均2万到3万册,迅速攀升到10余万册。

《穆斯林的葬礼》一书,早在2015年累计销量就已突破300万册。十月文化的成功,首先是因为利用品牌力量,扩大了影响力。其次,新经典的发行渠道非常优秀,为图书增大了市场话语权。最后,长时间优质选题的磨合和作者维护,使其获得了大量优质资源,聚集了张爱玲、三毛、王朔、王小波等作者的宣传,形成了市场号召力。

四、精彩阅读

韩子奇大吃一惊:"三千多年?"

沙蒙·亨特收敛了笑容:"您没有看出来吗?"

"没有。"韩子奇老老实实地承认,"您如果刚才不说,我还觉得这活儿做得太糙了呢!您怎么知道这是三千年前的东西?"

"这,我是从玉质、器形、纹饰和制作技巧这四个方面观察的。"沙蒙·亨特说,"据我所知,中国早在距今四千到一万年前的新石器时代,就已经有了玉制的兵器、工具和装饰品,当然,那时候的制作技艺还是很粗糙的;到了商周时代,除了玉刀、玉斧、玉铲、玉钺、玉戈、玉璋、玉璧、玉环、玉觿、玉簪、玉琮、玉璜……还有了单体器形的鱼、鸟、龟、兽面、人首珮等等玉件儿,造型已经比以前精细了。就说现在这一件儿吧,它是我所见到的最早的夔纹玉器,做工上,直道多,弯道少;粗线多,细线少;阴纹多,阳纹少,并且用的是双钩阴线;夔首部分的穿孔,外大里小,呈'马蹄眼'形状。这些,都是商代的玉器特点……"

"这东西,是干什么用的?"韩子奇听得呆了,望着这个还没有半个巴掌大的东西,没想到沙蒙·亨特能说出这么多名堂。

"这是玉玦呀!"沙蒙·亨特拿起那件东西,放在自己的耳朵下面比画着说,"在制作的当时,是作为耳饰的,哈,这么大的耳环!大概古人也觉得它太重了些,秦汉以后就改作佩玉了。不过,我的这块仍然是耳环,因为它毫无疑问是商代的东西!"

韩子奇出神地望着那只小小的"玉玦",他又看到了那条在心中滚滚流淌的长河,四年来,他一直在苦苦地追寻它的源头!他崇敬地伸出手去,再次接过制作粗糙但历史悠久的"玉玦",长河的浪花在撞击着他的心,他猜想着,三千年前的祖先是怎样用简陋的工具凿开这条源远流长的玉河……"亨特先生,您能告诉我,我们玉器行第一代祖师爷是谁吗?"他又提出了这个在心中萦绕了四年的问题。四年前,师傅梁亦清没能回答他;他也曾经想请教

37

"博雅"宅的老先生,可惜老先生去世得太早了!

"第一代祖师爷?"沙蒙·亨特遗憾地叹了口气,"这就很难说了,中国的历史实在太长了,在历史上留下名字的人又太少了,尤其是民间艺术家!明代以后,像陆子冈、刘谂、贺四、李文甫等等都还可以查考;明代以前,最著名的好像就是丘处机了,那也只是金、元时代。如果再仔细追溯上去,那么,还可以找到一点蛛丝马迹。根据中国的史书记载,秦始皇帝在得到价值连城的和氏璧之后,曾经命丞相李斯写了'受命于天,既寿永昌'八个鸟虫形篆字,然后命玉人公孙寿镌刻成'传国玉玺'。又有:始皇二年,骞消国献给秦国一名叫裂裔的画工,这个人也擅长琢玉,曾经为始皇用白玉雕了两只虎,连毛皮都刻画得十分逼真。这位裂裔和公孙寿就是我所知道的中国最早的琢玉艺人了,但显然他们还不是祖师爷!"

——节选自《穆斯林的葬礼》第五章　玉缘　第120~121页

按照回族的习俗,男婚女嫁,不是自由恋爱、私订终身就可以了事儿的,任何一方有意,先要请"古瓦西"(媒人)去保亲,往返几个回合,双方都觉得满意,给了媒人酬谢,才能准备订婚。订婚通常要比结婚提前一年至三年,并且订婚的仪式也不是一次就可以完成的。初次"放小订",在清真寺或者清真饭馆或者"古瓦西"家里举行,男方的父、兄预先订下一桌饭菜,备了用串珠编织成的聘礼,前去行聘。女方的父、兄带着一只精巧的玻璃方盒,里面放着"经字堵阿"和刻着待嫁女子的经名的心形银饰。双方父、兄见面之后"拿手",互换礼物,然后聚餐,"小订"即算完成。过了一年半载,再议"放大订"。"大订"比起"小订",就要破费得多了,男方要送给女方一对镯子、四只戒指、一副耳坠儿、一块手表、一对镯花儿,装在玻璃盒里,连同"团书"(喜束),由"古瓦西"送到女家,"团书"上写了两个日子,供女方任择其一。"古瓦西"讨了女方的口信儿,再回男方通知。"团书回来了吗?订的是几儿呀?""回了,×月×日。"这个日子就是预订的婚礼日期,所以称为"大订"。"大订"之后,男方就要依据婚期,早早地订轿子、订厨子,并且把为新娘做的服装送去,计有棉、夹旗袍,棉袄棉裤,夹袄夹裤……共八件,分作两包,用红绸裹好,外面再包上蓝印花布的包袱。至此,订婚就算全部完成,只待举行婚礼了。

喜期来临,排场当然更要远远超过"放订",当那十抬嫁妆浩浩荡荡出了门,人们才知道嫁女的父、母要花多少钱!看那嫁妆:头一抬,是二开门带抽屉的硬木首饰箱(官木箱),箱上搁着拜匣;第二抬,一件帽镜、一只掸瓶、两只帽筒;第三抬,四个棕罐;第四抬,两个盆景;第五抬,鱼缸、果盘;第六抬,两个镜支;第七、第八抬,是两只皮箱,盛着新娘的陪嫁衣物,箱上搁着对匣子和礼盒;第九抬,又是一只小皮箱;第十抬,是新娘沐浴用的木盆、汤瓶以及大铜锅、小铜锅、大铜壶、小铜壶。这十抬嫁妆,是断不可少的,如果女方家境富裕,还可以加上炉屏三色和大座钟,便是十二抬。若要摆阔斗富,再增加几倍也没有止境,多多益善,但少于十抬便觉寒酸了。有的穷家妇女,凑不够十抬,又无钱打发抬伕每人两块大洋,便廉价雇几个人,头顶着嫁妆送过去,称为"窝脖儿",那是相当现眼的事儿,谁家谁家四个"窝脖儿"就聘了姑娘,往往要留下几十年的话把儿。

再说男方。迎亲当日,男方要备上一块方子肉、两方卷果、两只鸡,都插着"高头花儿";五碗水菜、四盘鲜果、四盘干果、四盘点心、四盘蒸食、一对鱼,装在礼盒里,分作两抬,称为"回菜",给女方送去,一俟花轿出门,这"回菜"就回来了,女方的亲友大吃一顿。新娘上轿,婆婆要来亲自迎娶,娘家妈也要亲自把女儿送上门去,随着去的还有娘家亲友,又是浩浩荡荡,并且把葬礼上绝不许用的旗、锣、伞、扇、乐队,也从汉人那里照搬过来,吹吹打打,好不热闹!花轿进了婆家的门,早已有请好了的"齐洁人"或者由婆婆迎上前去,挑开轿帘儿,给新娘添胭粉,然后迎入新房,却不像汉人那样"拜天地"。

这时,宗教仪式的婚礼才真正开始。

八仙桌上,摆好笔砚,由双方请来的两位阿訇写"意和布"(婚书)。婚书上写着双方家长的姓名,新郎、新娘的姓名,以及八项条款:一,这是婚书;

二,真主订良缘;三,双方家长赞同;四,夫妇双方情愿;五,有聘礼;六,有证婚人二人;七,有亲友祝贺;八,求真主赐他们美满。阿訇写毕,向新人祝贺,这时,新娘含羞念"达旦"(愿嫁),新郎念"盖毕尔图"(愿娶),婚礼达到了高潮,来宾们哄声四起,手舞足蹈,抓起桌上的喜果向新郎、新娘撒去,祝愿他们甜甜蜜蜜、白头偕老!

——节选自《穆斯林的葬礼》第七章　玉王　第179~180页

畅销书案例分析(第四辑)

畅销书案例分析3

《外婆的道歉信》

奥 丽

一、图书基本信息

(一)图书介绍

书名:《外婆的道歉信》
作者:[瑞典]弗雷德里克·巴克曼(Fredrik Backman)
译者:孟汇一
开本:32开
字数:180千字
定价:42.00元
书号:9787201116693
出版社:天津人民出版社
出版时间:2017年5月

(二)作者简介

弗雷德里克·巴克曼,瑞典专栏作家、博客作者,1981年生于瑞典赫尔辛堡,曾在大学修读宗教学,但没有毕业,后来曾当过卡车司机、专栏作家、博客作者。某天他把自己和老爸在宜家吵架的过程写在博客上,妙趣横生的对话让他一夜成名,吸引众多网友到巴克曼的博客讨论和吐槽自己的家人。他灵机一动,2012年,他以此创作出《一个叫欧维的男人决定去死》,开启了自己的畅销书作家之路。这部小说已被翻译成25种语言,成为全球畅销书,2015年被改编成同名电影,获第89届奥斯卡最佳外语片奖提名。2013年他发表第二部小说《外婆的道歉信》,仅10个月内全球销量已突破150万册。在世界各国都取得了巨大成功,巴克曼因此成为2016年瑞典年度作家。

他对日常生活极具洞察力,作品风趣活泼,笔下的人物生动真实,使他的小说无论是人物塑造还是情节描写都非常贴近生活细节。他笔下的人物来自瑞典上下不同阶级、年龄,从小女孩到流浪汉,并且这些角色都充满生活气息。同时,得益于博客和专栏的写作经验,他的故事风趣幽默又感人至深,让读者笑中带泪地领悟人生。巴克曼接受瑞典媒体采访时曾表示,"我得感受这些角色,我的每一个句子都是在感受角色……小说是用情感做素材的,有时我会离开朋友,离开我的社交圈,也有时候是他们离开我。因为我这个人天生难以和别人保持一段长久的关系,所以我笔下的人物会在空房间里一个人对着自己生闷气,这不是凭空瞎写的,我就是这样的人。"

2014年发表第三部小说《清单人生》,登上了《纽约时报》畅销书榜。日前该书已经登陆中国,从中文版本看,内容延续了《一个叫欧维的男人决定去死》的故事感,同样写出了一个笑泪交织的故事。

二、畅销盛况

《外婆的道歉信》是一部在2016年掀起全球阅读狂潮的温情小说,畅销40国,作者巴克曼位列美国亚马逊作家排行榜第一。截至目前,巴克曼共出版了四部长篇小说,在全球卖出了超过730万册。《外婆的道歉信》这本现象级图书曾引发国外万人晒照推荐,自上市以来连续霸占《纽约时报》畅销榜50周,仅10个月全球销量突破150万册。2016年全年,稳定排名美国亚马逊总榜前100。书评网站Goodreads超过5万人参与评分,好评率高达91%。不仅读者喜欢,业内也给出了高度评价。《商业内幕》将该书评为2015最佳图书。《出版人周刊》则表示巴克曼这次抛给我们一个神奇又温暖人心的故事。《图书馆杂志》称该书充满希望、谅解和宽容。

2017年5月,《外婆的道歉信》由天津人民出版社首次引进中国,巴克曼特地从瑞典的斯德哥尔摩发来对中国读者的寄语:"这本小说是关于想象力的伟大力量,还有伟大的爱与友情,真心希望你会喜欢。"该书据开卷数据显示,在2017年新书零售榜上位于68位;在当当小说榜排名第30位。中文版问世六个月就销售超过50万册,令他在中国读者中收获极高人气。

三、畅销攻略

一本畅销书的成功,尤其是在全球范围内的成功,包含着天才般的创作、读者忠诚的喜爱、出版商的倾力打造、对变化莫测市场的调研和跌宕起伏的时代推动等各种因素。

(一)在故事中产生共鸣

《外婆的道歉信》讲述的是一个七岁的早熟少女与一个七十多岁的疯狂外婆的故事,两个分子的碰撞与反应,是关于爱、关于勇敢、关于守护与原谅的题材。作者笔下描述的人物,从小朋友到流浪汉,这些都是不同寻常且又真实平常的人,充满着生活的烟火气与真实气。七岁的爱莎有个古怪又疯狂的外婆,四处惹麻烦的外婆却是爱莎唯一的朋友,也是她心中的超级英雄。外婆不幸得了癌症去世,留给爱莎一项艰巨的任务——将外婆的道歉信送给她得罪过的九个邻居。这一趟送信之旅让爱莎渐渐发现:外婆和邻居们的故事,比她听过的所有童话都更加精彩。

整本书囊括了非常多的内容:校园暴力、女权、家庭与工作、亲子关系、心理创伤、战争、灾难、爱情、孤独、安全感、自我认知、向死而生等。外婆为爱莎建造起来的童话世界,实际上是现实生活的投影,这是整本书最奇妙的地方。每个童话故事都是隐喻,都是爱莎的家人和邻居们的过去,用外婆的道歉信来做揭秘的钥匙。狼心和黑裙女人代表战争和灾难所带来的严重的心理创伤,妈妈、外婆和爱莎代表与家人之间达成和解,莫德和萨曼莎代表人性中的善,他们的儿子山姆代表人性中的恶,阿尔夫、肯特和布里特·玛丽代表尘世中的爱情和婚姻。本书用一个或一组概念去引起消费者的心理共鸣而促成消费,这是一种概念营销的方式。读者能够从书中找到自己的影子或经历,能够从中产生思考,引起情感共鸣。

本书编辑透露,在内部发放了预读本,很多人都是一口气读完的,大家都很喜欢这个故事,喜欢这样疯狂的外婆。国外大批读者都将这本书誉为自己当年的最佳读物,这本书让人既会捧腹大笑又会潸然落泪,让我们想念那些深爱我们但是离去的人,甚至让我们想要成为更好的自己。

编辑还表示,"外婆"真的很酷,相信看了这本书的读者都会有这样的感叹,都会有点羡慕爱莎。虽然我们的生活中不会有一个这样神奇的老人,但我们却可以在书中感受到这位老人的可爱之处,虽然处处与人为敌,但是她活得年轻潇洒,永远都在做着属于自己的梦,并影响着她身边的人。她称这样的故事很容易让人想起自己的童年,我们也有过这样的年纪,在平凡中硬是幻想出波澜壮阔,在日常生活中进行着一场又一场的冒险。成年人在孩子们的眼中既是怀揣巨款无所不能的天神,又是管东管西根本不知道什么事才重要的白痴。于是,小孩们心目中的超级英雄似乎就是像爱莎外婆这样的成年人,不像个"成年人"的小伙伴,懂得真正"重要"的事情,但又见过许多风景,经历过无数冒险,拥有着巨大的能力。

(二)文本翻译贴近真实生活

本书编辑表示,他们在处理文稿时语言经反复揣摩,以求贴近真实生活。编辑称这是一个非常接地气的故事,所以从一开始,就要求译者一定要口语化,想象自己就是其中某个角色,用当下最自然的表达方式。同时,还为某句话怎样讲得更像真实生活中的语言而反复打磨。虽然书名叫《外婆的道歉信》，但其实这些信件的内容都是通过对话或情节透露出来的，直到故事的结尾，最重要的一封信才完整展现。文字、图片的编排需要从读者的阅读体验出发，综合考虑图书的类型和读者群体的需求等因素。另外，特别设计赠品，增强阅读代入感也是卖点之一。编辑称特别设计一封真实的英文手写信作为赠品，相信每一位读完故事再打开这封英文信的读者，都会想念自己的外婆。

译者孟汇一表示，这是一本读起来很轻松的书，译起来却没有想象中那么容易。作者巴克曼是个非常会写故事的人，编辑时不时地从里面发现出自带双引号的字词、精妙的双关语和恰当的令人发笑的比喻。"这次为了贴近原作文风，抛弃了文绉绉的漂亮词汇，尽量用最简单的词语，试图还原这个与众不同的女孩和她与众不同的外婆的世界。"

（三）装帧设计治愈暖心

如今，在海量信息的冲击下，读者的口味变得越来越刁钻，简单的设计已经不能满足读者需要，这使得畅销书更加注重装帧设计。一本畅销书的装帧设计最基本的要求是要唤起读者的共鸣，精细优美的装帧设计会让众多读者眼前一亮。

本书设计师表示，《外婆的道歉信》封面设计采用了暖黄色，色调温暖明快，体现故事的治愈，设计表现手法凝练，以少胜多，风格趋于简洁，与书中内容风格相契合。同时提取故事中的重要元素做小插图出现在封面上，主画面是一个小女孩和一条狗，画面活泼、简约而引人注目。

（四）全方位营销推广

1. 线上推广

传统媒体时代，出版机构主要借助书刊、媒体广告、书展展销等平台或方式进行对外传播，其受众范围较小、互动性弱、成本较高。新兴媒体的快速发展,使出版机构拥有的对外传播平台逐渐增多。在畅销书的宣传中,网络作为不容忽视的大众媒介,已日益成为各出版企业进行有效宣传的平台。在互联网上,可用作营销的阵地或者窗口非常多,对于图书来说,适合的平台主要包括网上书店以及与图书内容有关的站点、论坛及社区,图书信息网等。在大数据助力精准营销的背景下,借助微博营销、微信朋友圈更可进一步增强影响与销量。截至目前,《外婆的道歉信》:

微信公众号共有28家推荐,平台阅读量超过100万;

微博大号共有46家推荐,其中不乏人民日报、新华视点、头条新闻、央视财经等千万级别的大号;

在豆瓣上市当天荣登豆瓣"新书速递"专栏第一名,共40人五星推荐,上市四周,标记为"想读"的人数近2万人,登顶"豆瓣图书"最受关注图书榜;

联合凤凰资讯、凤凰新闻、凤凰网同时推荐本书;

平媒、电台、杂志曝光超过140余家,地方主流媒体,主流门户网站推荐。

多种数字化营销方式,相比传统大众媒体的信息滞后、成本高昂的特点,数字传播以其信息丰富、快速、便捷且具有互动性而备受重视,尤其是在畅销书的营销中,数字传播更是显示出了与传统大众媒体不同的"神奇功能"。《外婆的道歉信》在国内的成功原因很大部分得益于互联网平台。

2. 畅销书排行榜与作者的影响力

《外婆的道歉信》在美国《纽约时报》畅销榜上榜50周,2016年全年,稳定排名美国亚马逊总榜前100。这样的畅销盛况会有效促进消费者的购买动机。排行榜能够简明扼要地列出书目,同时也利于传播图书信息,能够通过对比来让读者感兴趣,产生购买的欲望,从而促进图书销售。

作者品牌塑造是畅销书运作的一种重要营销手段,它主要是以作者的知名度和社会影响来确定出版的畅销书,也就是通常所说的"名人出书"效应。作者弗雷德里克·巴克曼是近年欧美畅销书榜单上当之无愧的金字招牌,而《外婆的道歉信》则将巴克曼稳稳推上畅销作家之列。他尤其擅长讲故事,往往只用一两句对话或者一件小事,就能给读者留下非常深刻的印象。

3. 联动效应

出版社很注重版权贸易工作的开展,利用国外资源调整出书结构和优化选题,这些举措对提高出版物水平和出版实力发挥了积极而重要的作用。近年来,引进版图书数量呈上升趋势,促进了我国出版业的发展,同时也促进我国对国外优秀文化成果的吸收。

(1)令弗雷德里克·巴克曼成名的《一个叫欧维的男人决定去死》的热销和相关电影的热播也会对《外婆的道歉信》的销量起到推波助澜的作用。

(2)本书的全球热销能引起国内读者的好奇,在全球化的趋势下,优秀的文学作品不会因语言而被隔离,因此,该书在国内市场的宣传上很重视将它在全球其他国家畅销引起的轰动作为宣传重点。

(3)作者新出的《清单人生》在引进中国市场后反响较好,从当当网和京东网上的销售情况看,将《外婆的道歉信》与《清单人生》搭配售卖的模式可以起到互相宣传的促进作用。由于作者本身的知名度和新闻价值,使品牌传播极为迅速,传播成本也很低,作者品牌在该书出版中的效用与销售量的提高有着相辅相成的作用。

4. 名人宣传

本书在国内面世时,微博大V账号"新华视点"发起"领读者计划"的阅读话题,邀请马思纯领读《外婆的道歉信》,展开了"转发接力"的读书热潮。这样的官方活动与名人效应相结合的方式,对图书的推广起到巨大的宣传作用。

青年插画家张皓宸,青年作家七堇年等都在微博上宣传《外婆的道歉信》,通过他们自身的影响力来大力推广此书。年轻读者活跃于微博平台,出版社以微博为重点的网络营销方式目标明确,效果明显,通过微博转发来提高网络传播效率,这样的热潮能带动读者购买阅读,将流行元素巧妙地融入书的内容中,发挥全民阅读的环境,能够有效提升图书的销售量。

5. 多元营销方式

本书出版后,发行公司在一些学校举行了读书分享会,并且推出了相关手账。一本畅销书的装帧设计最基本的要求是要唤起读者的共鸣,除此之外,读者更注重图书的附加值,还应该在视觉形象、图书结构、使用方式上形成互动。本书夹了一张精致的手写体英文信,是主人公外婆写给艾莎的最后一封信,在信封上印着"读完本书前请勿打开"的字样,这一设计别具匠心,提升了阅读体验的愉悦感。在全书的最后一页附上了二维码,配以的文字是"喜欢外婆吗?这里有作者更多好笑的日常哦",扫描后的页面是"果麦读友会"的界面,里面有关于作者详细生动的生活日常介绍、图书背后的故事,以及部分经过翻译后的巴克曼的博客。这些都能增进编者与读者之间的距离,使读者能够更立体和多元地了解图书内容,提升了读者的阅读趣味。这些周边活动的举办和周边产品的开发,都能在一定程度上推动图书的销量。

(五)精细的市场定位

读者口味越来越偏向新奇、个性化,受众的细分也逐渐影响图书设计的细分。根据使用与满足理论,读者对畅销书的购买及阅读行为是基于其特定的生活及生存需要得来的。《外婆的道歉信》属于温情小说,这种类型的图书在市场上有较多同类,想要脱颖而出有一定困难。它之所以畅销,除了有优质的内容作为基础外,还因为它投放向了准确的目标读者群体。

当代年轻人对缓解社会压力和释放负面情绪的需求是"温情类"文学畅销的主要原因,网络时代大众的轻阅读倾向和作者的品牌号召力也是这类图书畅销的原因。据出版社调查,温情治愈类文学畅销书的主要受众集中于大学生和初入社会不久的年轻人等。现代社会生活中人们压力大,读者希望能通过阅读一些图书来释放压力,寻求有效的途径缓解负面情绪已成为年轻人潜意识中的选择,健康的身心能令年轻人以积极的态度去面对生活,而这正也是温情类文学能为他们提供的,由此产生的对经验和情感的传递使读者能很好地理解和接受。

当前,读者偏重于碎片化以及快餐式阅读,这是由现代社会过度忙碌的生活方式引起的。新媒体环境下,信息海量且泛滥,读者会根据需求选择内容,人们也没有耐心去看冗长复杂的信息,更愿意选择简短易懂的内容。《外婆的道歉信》在阅读体验上能给人以轻快和轻灵的感受,语言诙谐,内容有趣而又令人感动,表达的情感内涵丰富。

畅销书代表着一种社会现象及潮流,它作为文化系统中的一个因子,以其传播的广泛性、影响的全面性,引导着大众阅读,满足人们的精神需求,进而影响人们的行为方式、生活方式及思想观念。巴克曼接受采访时曾说,他的故事更关注于55岁以上的中老年人和10岁以下的小孩,因为他们是最不会在意社会既定法则的人。但阅读他的图书的主要受众面却是年轻人,《外婆的道歉信》能够抓住读者喜好,从而获得年轻读者的认可,它的畅销也变得顺理成章,说明他的书中内容所能引起的情感关联和共鸣让许多人从中找到出口或归属。这种独特性是该书畅销的很重要的一种特性,在这样新奇的设定下会令该书在众多的温情牌作品中耳目一新。

这类现象级畅销书的畅销原因包含作者的号召力和宣传的多元化,它具有满足读者内心需要的丰富情节、吸引眼球并温暖人心的封面设计及舒适贴心的阅读体验等特征。但它是否具有更多价值去深度阅读和挖掘、是否能够经受住市场的考验还需要我们的进一步思考。同时,这也提醒我们不要将畅销作为图书出版的唯一目的,而是要全面地衡量一本书的质量与潜能,用丰富的方法去发挥和弘扬优秀的文学作品。

四、精彩阅读

外婆的房子有些特别之处。你绝对不会忘记它的味道。

大体上来说,这是一栋普通的建筑。它有四层楼,九间公寓,整栋楼闻上去都像是外婆(和咖啡——多亏了莱纳特)的气味。洗衣房里张贴着一套明确的规章,标题是"为了每个人的福祉",其中"福祉"下面画了双横线。电梯总是坏的,垃圾在院子里分类存放便于回收。这里有一个酒鬼、一头巨大的动物,当然,还有一位外婆。

外婆住在顶楼,和妈妈、爱莎、乔治对门。外婆的公寓和妈妈的完全一样,除了乱得多,因为外婆的公寓就像外婆这个人,而妈妈的公寓就像妈妈这个人。

乔治和妈妈住在一起,这通常不是件容易的事,因为这意味着他也住在外婆隔壁。他蓄着胡子,常戴一顶小帽子,痴迷于慢跑,跑步时总坚持将运动服束在短裤里头。他烹饪时用外语念菜谱。外婆从不叫他"乔治",只叫他"废物",这让妈妈非常愤怒,但爱莎知道外婆为什么这么叫。她只是想让爱莎知道,她是站在爱莎这边的,不管发生什么。因为当外孙女的父母离异且找到新伴侣,还告诉外孙女她将有一个同母异父的弟弟或者妹妹时,一位外婆就应该这么干。惹怒妈妈在外婆看来单纯只是附加的奖励。

妈妈和乔治不想知道"小半"会是女小半还是男小半,虽然很容易就能查出来。不知道性别对乔治来说尤其重要。他总是称呼小半"他或她",这样可以"不将孩子困在一种性别角色中"。第一次听他说"性别角色"这个词时,爱莎以为他说的是"性别巨魔"。结果,所有参与聊天的人都度过了一个非常困惑的午后。

妈妈和乔治决定给"小半"取名为埃尔维或者埃尔维拉。爱莎告诉外婆此事时,她盯着爱莎说:"埃尔维?!"

"是埃尔维拉的男孩子版本。"

"但是,埃尔维?他们是打算送他去魔多摧毁戒指吗?"(那时候,外婆刚刚和爱莎一起看完了所有《魔戒》电影,而爱莎的妈妈明令禁止爱莎观看。)

爱莎当然知道外婆其实不是不喜欢"小半",包括乔治。她这么表现只是因为她是外婆。有一次,爱莎告诉外婆,她真的恨乔治,有时候甚至恨"小半"。当你说出这么可怕的话时,听到的那个人居然还能站在你这边,你无法不去爱这样的人。

外婆楼下的公寓住着布里特·玛丽和肯特。他们喜欢"拥有东西",肯特尤其喜欢告诉别人每件东西的价格。他几乎从不在家,因为他是个企业家,或者说是一位"垦(肯)业家"——他总是对陌生人大声地这么开玩笑。如果人家没有立刻大笑,他就用更大的声音重复,就好像是别人的听力有问题。

布里特·玛丽几乎总是在家,所以爱莎推测她不是位企业家。外婆称呼她为"永远是我的灾星兼全职烦人精"。她看上去总是一副吃错巧克力的模样。就是她在洗衣房里贴上了那个写着"为了每个人的福祉"的规章。每个人的福祉对布里特·玛丽来说十分重要,虽然她和肯特是整幢楼唯一在自己公寓里就有洗衣机和滚筒烘干机的人。某次乔治洗好衣服之后,布里特·玛丽上楼要求和爱莎的妈妈谈谈。她带着从滚筒烘干机的过滤器中取出的一小团蓝色毛球,举到妈妈面前,就好像那是一只新孵出来的小鸡,说:"我想,你洗衣服的时候忘记这个了,乌尔莉卡!"当乔治解释说,其实是他负责洗衣服时,布里特·玛丽看着他笑了,虽然这笑容看上去不怎么真诚。她说:"男人干家务,真新潮啊。"然后意味深长地朝着妈妈笑着递出了毛球。"在这个租户协会里,为了每个人的福祉,我们洗完衣服就该清干净毛球,乌尔莉卡!"

其实目前并没有什么租户协会,但即将成立一个,布里特·玛丽总是尽力指出这点。她和肯特一定会确保这个协会的成立。对她的租户协会而言,遵守规定是非常重要的,这就是为什么她是外婆的敌人。爱莎知道"敌人"的意思,因为她读了不少好书。

布里特·玛丽和肯特对面的公寓里住着穿黑裙的女人。人们很少见到她,除了一大清早或深更半夜她在大楼入口和她的家门之间匆匆经过时。她总是脚踏高跟鞋,身着熨烫平整的黑色短裙,冲着白色耳机线大声说话。她从不跟人打招呼也从不微笑。外婆总说,她的裙子熨得过分平整了。"如果你是那女人身上的衣服,你会紧张兮兮生怕被弄皱。"

布里特·玛丽和肯特楼下的公寓住着莱纳特和莫德。莱纳特每天至少要喝二十杯咖啡,每当他的咖啡壶开始运作时,他都看上去格外得意。他是这个世界上第二好的人,而且还娶了莫德。莫德是这个世界上最好的人,总是在烤饼干。他们和萨曼莎住在一起。萨曼莎是一条比熊犬,但莱纳特和莫德对它说话时从不当它是条狗。莱纳特和莫德在萨曼莎面前喝咖啡,也从不说自己在喝"咖啡",而是说"大人的饮料"。外婆总说他们傻里傻气的,但爱莎认为他们是好人。而且他们总是有满满的梦想和拥抱——"梦想"是一种饼干,拥抱就是普通的拥抱。

在莱纳特和莫德的对门住着阿尔夫。他是名出租车司机,总是穿着一件皮夹克,看上去怒气冲冲。他的鞋底薄得像一层防油纸,因为他走路时从不抬脚。外婆说,在这整个该死的宇宙中,他的重心是最低的。

在莱纳特和莫德的楼下,住着生病的男孩和他的妈妈。生病的男孩比爱莎小一岁零几周,他从来不说话。他的妈妈总是丢三落四,东西似乎总是从她的口袋里像下雨一样下没了,就像卡通片里,坏蛋被警察搜身的时候,能搜出来比口袋还大的一堆东西。男孩和他的妈妈都有非常和善的眼睛,连外婆都不讨厌他们。那个男孩总是在跳舞,靠着跳舞度过人生。

在母子俩的隔壁,那台从不运转的电梯的另一侧,住着怪物。爱莎不知道他的真名,她叫他怪物,因为每个人都害怕他。即使是天不怕地不怕的爱莎妈妈,在经过他的公寓时,也会轻轻推一下爱莎的后背,让她走快点儿。没有人见过怪物,因为他从不在白天出门,但肯特总是说:"对那种人不能放任不管!政府图省事才会让这种事情发生,用精神病护理代替监狱!"布里特·玛丽曾多次给房东写信,要求将怪物驱逐出去,因为她可以肯定他"会吸引其他瘾君子来这栋房子"。爱莎不太明白那是什么含义,她甚至不确定布里特·玛丽是否明白。有一天她问外婆,而外婆迟疑了一下,说:"有些东西就不该去打扰。"这可是外婆啊,参加过不眠大陆抗击暗影的无尽战争的外婆,见识过耗费"一万个童话永恒"幻想出来的最可怕生物的外婆。

——节选自《外婆的道歉信》第三章 咖啡 第23~27页

笑猫日记
马小跳的表妹杜真子有一只猫，他会笑。还记得吗？
杨红樱著
又见
小可怜
You Jian
Xiaokelian
明天出版社
杨红樱著
笑猫日记
又见小可怜
明天出版社
杨红樱著
笑猫日记
樱花巷的秘密
明天出版社
杨红樱著
笑猫日记
转动时光的伞
明天出版社
杨红樱著
笑猫日记
青蛙合唱团
明天出版社

畅销书案例分析 4

《笑猫日记》
（以 2015—2018 年出版为例）

单定平

一、图书基本信息

（一）图书介绍

1. 书名：笑猫日记·青蛙合唱团

作者：杨红樱

开本：32 开

字数：73 千字

定价：15.00 元

书号：9787533286040

出版社：明天出版社

出版时间：2015 年 6 月

2. 书名：笑猫日记·转动时光的伞

作者：杨红樱

开本：32 开

字数:73千字

定价:15.00元

书号:9787533288198

出版社:明天出版社

出版时间:2016年3月

3. 书名:笑猫日记·樱花巷的秘密

作者:杨红樱

开本:32开

字数:78千字

定价:15.00元

书号:9787533290467

出版社:明天出版社

出版时间:2017年1月

4. 书名:笑猫日记·又见小可怜

作者:杨红樱

开本:32开

字数:70千字

定价:15.00元

书号:9787533296148

出版社:明天出版社

出版时间:2018年1月

(二)作者简介

杨红樱,中国当代具有广泛影响力的儿童文学作家,曾做过小学老师、童书编辑,被中宣部评为"全国宣传文化系统'四个一批'人才",被中央精神文明建设指导委员会评为"第一届全国未成年人思想道德建设先进工作者",获中宣部、国务院新闻办公室授予的"讲好中国故事文化交流使者"称号,享受国务院政府特殊津贴。

19岁开始发表儿童文学作品,现已出版童话、儿童小说、散文八十余种。已成为畅销品牌图书的系列有:"杨红樱童话系列""杨红樱成长小说系列""淘气包马小跳系列""笑猫日记"系列。其作品总销量超过1亿册。作品被译成英、法、德、韩、泰、越等多种语言在全球出版发行。

在作品中坚持"教育应该把人性关怀放在首位"的理念,在中小学产生了广泛的影响,多次被少年儿童评为"心中最喜爱的作家"。

2014年获国际安徒生奖提名。

"笑猫日记"系列,获世界知识产权组织版权金奖、第二届中华优秀出版物图书奖,连续三次荣获全国年度最佳少儿文学读物奖。《笑猫日记·那个黑色的下午》获第二届中国出版政府图书奖。

二、畅销盛况

由明天出版社出版的杨红樱长篇童话故事《笑猫日记》系列,自2006年首次出版至2018年上半年,总共24本(尚未完结),全套累计销量达6000万册。

早在2011年6月,明天出版社就曾为《笑猫日记》发行超1000万册举办过一场出版5周年的庆典活动;2013年6月和2015年6月,出版社又分别为庆祝该系列发行超2000万册、3000万册举办了出版7周年及出版9周年的庆祝活动。据此推算,2011年至2015年,该系列就以年均发行500万册的数量稳步前进;而从2015年下半年至2018年上半年,《笑猫日记》累计销量达到6000万册,近三年来,该系列的销量在市场上又有了大幅度的增长。

这套"现象级"的畅销书,在儿童文学评论家李虹看来:"在小读者中形成了强烈的轰动效应,创造了我国童话创作史上的奇迹"❶。

---

❶李虹."笑猫日记":陪伴成长 温暖童年——一部超级畅销书的现象与本质[N].中国图书商报2013(6).

三、畅销攻略

2006年5月底《笑猫日记》首推三本，2007年再推三本，2008年至2014年每年先后推出两本，2015年至2018年每年推出一本，至今该系列总共24本。

根据该系列每年出版的数量，不难发现，新书打头阵的前几年依靠了一定的"数量"策略，即初期保持紧密的出版节奏，不让读者等待太久。到了2015年，已经形成较为成熟的规模时，开始放缓出版节奏，每年只推出一本新书。

据记载，2006年5月，《笑猫日记》系列开局的三本《保姆狗的阴谋》《塔顶上的猫》《想变成人的猴子》一上市，立刻登上当月开卷少儿类新书排行榜的前三位[1]。此后，《笑猫日记》系列从最初的年均销量200万册到500万册，再到近千万册，一路增长，至今畅销十二年。

正是由于《笑猫日记》系列在市场上的优秀表现，令明天出版社信心大增，自2015年起，每年一本的新书首印量是120万册，这一现象在中国童书市场中非常罕见。对新书采取高印量的做法最大的优点就是充分保证了全国范围内的铺货量，让各地读者都能买到书。另外，出版社还给实体门店提供充足的备货量，在书店显眼的位置用堆得厚厚的图书码起独特造型，让每一个进店的读者都被瞬间吸引住。

上述有提及，该系列第一批三本刚推出不久，就登上了开卷少儿类新书排行榜，这自然是与作者本身的影响力是分不开的，因为在2004年和2005年开卷公布的"开卷全国少儿作家销量"排行榜中，杨红樱两次均为榜单第一名。该系列此后出版的新书也一直都受广大小读者的追捧，并且自2015年起，这种追捧的热度不仅没有减少，反而有上升趋势，显然《笑猫日记》系列除了作者本身的影响力以外，还有其作品本身的魅力在起作用。

本文将试着从作者和作品两个层面分析《笑猫日记》系列畅销的原因。

---

[1] 李虹. "笑猫日记"：陪伴成长 温暖童年——一部超级畅销书的现象与本质[J]. 中国图书商报, 2013(6).

（一）作者的魅力

作为一名畅销书作家,杨红樱自1982年开始发表科学童话《穿救生衣的种子》,此后,她坚持写了15年的童话,成为一名优秀的童话作家。虽然杨红樱曾在1999年转笔投入小说的创作,并且她的第一部小说《女生日记》在出版当年也立即成为畅销书,让杨红樱的知名度和影响力大增。但杨红樱没有因此中断童话的创作,她在成名之后又回到了为孩子们写童话的道路中。用杨红樱自己的话来说:童话才是我的高峰,我只有登上这座高峰,才算是修成正果。由此可见,杨红樱是带着一种浓烈的热爱来为孩子们创作童话的。

1. 杨红樱的市场影响力

2000年,杨红樱的首部小说作品《女生日记》出版当月就登入开卷月度少儿类畅销书排行榜第六位,紧随当时风靡全国的《哈利·波特》;到了2004年,杨红樱的市场知名度和影响力均有了一个"小爆发":2004年开卷年度少儿类畅销书排行榜中,由杨红樱创作的"淘气包马小跳系列""校园小说系列""长篇童话系列"和"杨红樱校园小说非常系列"共计22个品种均登入TOP100之列。不仅如此,杨红樱还在这一年以全国少儿作家销量排行榜第一名的成绩取代了当红英国作家J. K. 罗琳,自此之后杨红樱的名字分别在开卷年度全国少儿作家销量排行榜、开卷年度全国最具市场影响力少儿作家排行榜的冠军位置盘踞了十多年!截止到2017年,开卷统计发布的作品销量排行榜中杨红樱依然以1.01%的销量占有率位列第一名:作家销量冠军为杨红樱,其834种在销图书销量达到图书市场的百分之一以上。全国500余家出版社,如果按平均来算,每家出版社所占销量仅为千分之二。按照正态分布来计算,能够销量超过百分之一的出版社不足三分之一。也就是说,杨红樱以一己之力,横扫全国三分之二的出版社❶。

2. 政府和业界对杨红樱的认可

杨红樱在市场上的影响力是人们有目共睹的,在杨红樱的个人微博和一

---

❶ 出版人杂志.杨红樱一人销量"完爆"全国过半出版社?2017作家销量码洋排行榜[EB/OL].(2018-03-20)[2018-10-31].http://baijiahao.baidu.com/s?id=1595452542230450266&wfr=spider&for=pc.

些公开的小读者来信当中,经常能看到小读者们表达自己非常期待杨红樱写的新故事的愿望。对于杨红樱,除了有小读者们的喜爱,官方和业界也十分认可她。自1992年杨红樱创作的童话作品《寻找快活林》第一次获海峡两岸童话小说征文优等奖第一名开始,此后的每年,她的作品都有获奖,比如,1995年《寻找快活林》获冰心儿童文学奖,2004年《漂亮老师和坏小子》获全国优秀儿童文学奖,2007年《巨人的城堡》获"五个一工程"文化奖等。

杨红樱本人被授予的荣誉也有很多:为发展我国文艺事业做出的突出贡献、全国宣传文化系统"四个一批"人才、中国版权协会"中国版权产业风云人物"等。

上述的获奖以及荣誉都为杨红樱本人的影响力做了进一步的巩固,在打开了市场的基础之上,又有了业界与政府对她的肯定,无疑是对杨红樱及她的作品起到了极好的正向宣传作用。

(二)作品的魅力

如果说,杨红樱是靠着自带"粉丝流量"的光环以及过往官方和业界的认可在童书市场中行走,那么,或许她能够走过三年或者五年,然而,在杨红樱三十余年的创作生涯当中,其中近二十年她都没有偏离过"畅销"轨道,很显然,她的作品发挥了很大的作用。

通过研读2015年至2018年出版的《笑猫日记》,我们可以发现作品中的很多闪光点,比如在作品里融入经典的品牌元素,倾听读者内心、满足读者的阅读期待等方面,这样一来,就便于我们更直观、清晰地了解创作一部畅销作品,作者都做过哪些努力。

1.《笑猫日记》中融入经典的品牌元素

《笑猫日记》系列的故事里融入了多个古往今来深受每一代小朋友喜欢的形象或技法。比如该系列中只要有笑猫出现的场景里,一只活了很久很久的球球老老鼠就如影随形;仙女蜜儿的神奇道具——转动时光的伞;以及万年龟赐予的隐身术等。在故事里融入经典的品牌元素无疑是个加分项,因为这些早已获得大量观众或读者喜爱的元素必定带有一定的经典性：具备能够使一代代儿童喜爱的吸引力。使用这些经典元素并投入一些创意，产生的良好阅读效果也就是意料之中的了。

首先是笑猫和球球老老鼠的形象，仔细回想一下，就不得不让人联想起20世纪30年代美国的长篇动画片《猫和老鼠》。这部经典的动画片自20世纪90年代在央视首播开始，至今几乎是家喻户晓，而猫和老鼠的这一对惹人喜爱的形象也是深得人心。《笑猫日记》中也出现了这样一对猫和老鼠的形象，不过，与动画片《猫和老鼠》中天生冤家、一见面就斗智斗勇的汤姆猫和杰瑞老鼠有所不同的是：笑猫和球球老老鼠是一对忘年交好友。球球老老鼠活了很久，久到成为整个翠湖公园里所有老鼠的祖宗，由于他活得久，经验足，并且非常狡猾，所以他能想出很多解决困难的办法，给笑猫帮了不少忙。每当笑猫遇到了难题，他都会找球球老老鼠当参谋；每当球球老老鼠陷入困境，笑猫又及时挺身而出，久而久之，笑猫和球球老老鼠之间建立起了极其深厚的友谊。

虽然欢喜冤家的猫和老鼠形象早已深入人心，但是杨红樱在《笑猫日记》中沿用这对形象时，经过了一番创新和改动，让猫和老鼠不再是以彼此对立的关系出现在读者眼前，反而是以生死之交的关系重新出现，这不仅起到使读者重温经典形象的作用，还能促使人们思考猫和老鼠之间的新关系。

其次是仙女蜜儿的转动时光的伞，这把伞最神奇的地方在于它可以像放电影一样展现某个人或物的过往和未来。时光伞的功能很容易就将人带入日本经典动画《哆啦A梦》当中，在动画《哆啦A梦》里，大雄的好朋友哆啦A梦有一个可以跨越时空、任意穿梭于过去和未来的时光机。但转动时光的伞与时光机是不一样的，转动时光的伞只能以一帧帧的画面放映过去和未来，观看者只能像个局外人一样静静地看着过去或未来发生的事情，不能参与进去；而时光机是具有互动性的，乘坐时光机的人可以穿梭任意时空，乘坐者想要回到过去或是去到未来的某一时段，利用时光机都能办到，甚至还能通过努力改变历史。哆啦A梦的时光机一直以来都被人们熟知，不少人甚至希望现实生活中真的存在这样一种机器,这不仅是人们的一种寄托和安慰,同时也说明时光机是受大众接受和喜欢的。作品《转动时光的伞》巧妙地利用了这一能引起大众共鸣的元素,通过笑猫转动这一把时光伞来讲述故事里的马小跳、杜真子、虎皮猫、球球老老鼠等的曾经和未来,为故事增添了一些神秘色彩,既激起了小读者们的阅读兴趣,又给整个系列故事的后续埋下了重要线索。

最后是隐身术,对于这项闻名古今中外的有趣技法,几乎每个儿童都曾抱有过这样的想法:假如我会隐身,我就可以无所不能。举几个简单的例子,《西游记》里的孙悟空曾使用隐身法成功地偷走天庭美食;《哆啦A梦》中的大雄也穿着隐身披风去捉弄那些欺负过他的同学;而《哈利·波特》中的哈利·波特就更大胆了,他常常穿上隐身斗篷溜出学校;等等。在很多大众喜爱阅读的作品当中,故事里的人使用隐身术把自己藏起来常常去干一些惊险、调皮的事情,往往都会激起儿童极大的阅读兴趣,甚至有些大人也会拍手称道,让读者们在跟随剧情发展的同时也感受这种"万一露馅那就惨了"的刺激。《樱花巷的秘密》里笑猫和球球老老鼠为了揭发一起"骗局",在万年龟的帮助下也使用了隐身术,他们通过隐身潜入到骗子的家中,找寻骗子骗人的证据,并趁机给了骗子一些教训,好让他们改过自新。《樱花巷的秘密》里的隐身术与其他作品有所不同,笑猫和球球老老鼠使用隐身术并不是为了"好玩儿",他们是为了正义去"战斗"。

2. 倾听读者内心、满足小读者们阅读的期待

有人说杨红樱是真正为儿童在写作的作家,因为她秉承的这种创作态度,注定了她写的故事会招儿童喜爱。杨红樱曾在一次采访中透露:《笑猫日记》是小朋友帮我找到的灵感。之所以会这样说,主要是因为"笑猫"这个形象最早在"淘气包马小跳系列"当中蜻蜓点水般地出现过一次。

在2005年创作《笑猫日记》之前,杨红樱的"淘气包马小跳系列"在市场当中已经是非常受小读者们喜爱的作品了,而在"淘气包马小跳系列"中有一本《疯丫头杜真子》(以下简称"疯丫头"),这本"疯丫头"里出现了一只会用不同的笑来表达思想的小猫。有很多小朋友在看"疯丫头"时被这只神奇的猫吸引住了,然后他们纷纷写信给杨红樱,希望杨红樱能将这只小猫继续写下去,写成一个很长的系列。

后来,杨红樱在给小朋友们写完回信之后,就开始认真回忆、思考笑猫这个角色。由于笑猫的原型正是杨红樱儿时的一个小玩伴,杨红樱对其有着较为深刻的印象:我记得那猫喜欢用一只爪子托着下巴,我觉得它在思考;它的一只耳朵是我童年的一种挥之不去的深刻记忆❶。

孩子们真切的愿望和杨红樱对童年深深的怀念加在一起,于是《笑猫日记》诞生了,并且它还是在"淘气包马小跳系列"正当红火的时候诞生的。据明天出版社的文学编辑室主任徐迪南回忆:2005年正是杨红樱老师的"淘气包马小跳系列"和"杨红樱校园小说系列"销售正旺,在市场上一路高歌猛进之际❷。所以,后来《笑猫日记》首批三本一上市立刻就讨到了小读者们的欢心,这个故事是应小读者们的希望而书写,这个系列也是为小读者们的期待而出版。

因此,在《笑猫日记》中出现的主要人物角色实际上是带有连续性的,比如马小跳、杜真子还有笑猫等。讲故事的过程里,作家杨红樱又在几个主要人物角色的身边添加进去了一些新的角色,使整个故事不仅保证了原本的基调,还时不时透露出一些新奇,让小读者们在阅读时不仅不会感到陌生,反而得到一种满足。

(三)贴近现实、抓住当下热点

《笑猫日记》从2006年出版至今,十二年的时间里,每年都有新作推出,每一部新作也都受市场欢迎。与其说它的内容有多么经典,倒不如说它是

---

❶ 百道网.同是超级畅销书作家,为什么杨红樱不需要像JK罗琳那样去转型?[EB/OL].(2016-05-11)[2018-10-31]. http://www.bookdao.com/article/214573/.

❷ 徐迪南.图书品质是营销的前提——关于《笑猫日记》丛书策划出版的记录与思考[C].中国编辑学会,2010:214-219.

抓住了当下与每一个人都息息相关的热门话题，所以吸引读者去翻阅。以下将用两个例子来说明。

1. 以"环保问题"为主题

近些年来，对于"环保"相关的话题越来越受关注。我们经常能在一些公共场所看到有关生态保护的广告牌，比如地铁和电梯里常常贴出"没有买卖，就没有杀害"的海报，号召人们保护野生动物以及对环保有益的动物等。"环保问题"一直以来就是人们很关注的话题，而近些年随着环境越来越恶劣，这个话题就变得更加引人注意了。

作品《青蛙合唱团》完美地契合了这一主题，并且以一种正确引导的方式向小读者们讲述一群为人类消灭害虫的青蛙渴望回到家园的故事，在"笑猫团队"的帮助下，青蛙们好不容易克服了一个又一个困难，最后终于回到了家园，可是他们的家园似乎有些不对劲，此时杨红樱以一种开放式的结局，来告诉小读者们不管寻找失去的家园有多少艰难险阻，青蛙们都会一直坚持下去。

2. 以"课外培训班问题"为主题

时下，有许多家长花费"巨资"给孩子报各种各样的课外培优班，还举着"一切都是为你好"的旗帜，丝毫不考虑孩子的感受，把孩子们送去学习，这俨然成为一种社会风气。在《樱花巷的秘密》这本书里，也出现了一个号称能把笨孩子变成聪明孩子的培优班——小天才培训基地，书中的安琪儿妈妈不希望安琪儿输在起跑线上，先是听信骗子的话强迫安琪儿喝"智慧汤"和扎"聪明针"，后又上了假博士和假老师的当给安琪儿报小天才班，接二连三地上当受骗，并且执迷不悟。这种事件在现实生活中并不少见，家长们的举动一方面是"望子成龙""望女成凤"的心愿比较急切，另一方面也说明骗子很会琢磨家长的心理，以一系列"变笨为灵"的招数使家长一步步上钩。小读者通过阅读这本《樱花巷的秘密》能够体会"可怜天下父母心"的辛苦，家长通过了解这本书也能反思："一切为了孩子好"的出发点固然没有错，但还是应该先倾听孩子的内心，不要被"利欲熏心"的骗子有机可乘。

《樱花巷的秘密》巧妙地借用这一"社会热门现象"揭露了现实,充当起了家长与孩子互通的桥梁作用,再一次赢得了读者的欢心。

(四)细节描述是讲好一个故事的"点睛之笔"

如果说《笑猫日记》的畅销只是因为作者杨红樱的名气、故事里融入经典品牌的元素、满足读者心愿以及迎合当下的热门话题,那么这显然是不够充分的。作为一个会讲故事的人,杨红樱在给孩子们讲故事时,她善于捕捉一些细节,而且还把这些细节描述得丰富多彩、绘声绘色,这也是她受孩子们欢迎的一个重要原因。

1. 精心策划大型"狂欢"活动

"笑猫日记系列"中几乎在每一个故事里,都会出现作者杨红樱精心"策划"的一场大型"狂欢"活动,这也是儿童阅读过程中非常喜欢看到的场景,比如:《青蛙合唱团》中几千只青蛙排成整齐的队伍,组成合唱团,在青蛙团长的指挥下,以洪亮的歌声向破坏环境的人们发出"愤怒之音";《樱花巷的秘密》中球球老老鼠的子子孙孙们在一声号令之下,突然浩浩荡荡地冲进骗子家里来了一场"狂欢大会";《转动时光的伞》中笑猫通过时光伞看到了三十年后的球球老老鼠组织他的子子孙孙们同外星球植物展开一场"保卫大战"等。

2. 在关键时刻设置悬念

杨红樱在讲故事时还特别喜欢"植入"一些悬念,引起小读者的好奇心:在《青蛙合唱团》中,"笑猫团队"为了营救一只外号叫"蛙坚强"的青蛙,商量出了一个万全之策,差一点儿就成功了,正当马小跳他们几个救出"蛙坚强"准备逃跑时,被坏人逮个正着,而笑猫为了阻止坏人继续追赶,他挡在了坏人面前,坏人又急又气,想把笑猫赶走,最后笑猫被坏人踢到昏迷,奄奄一息,营造了一种紧张、惊险的氛围,小读者们的心也都提到了嗓子眼儿:笑猫不会真的死了吧?

《转动时光的伞》中,笑猫用时光伞观看每一个人的过去和未来,每当看到正精彩的时候,故事就突然跳回到现实状态,中断了"时光影像",这样一来,读者就总是放不下心:接下来能从时光伞里看到什么呢?在《又见小可怜》中,球球老老鼠和笑猫都在坟头附近看到了小可怜,但又不确定,让人不得不好奇:小可怜究竟是不是还活着呢?

3. 时不时制造点儿幽默,为故事增添色彩

"笑猫日记系列"里的幽默出现在很多地方,比如那些坏人的名字娘娘腔、破锣嗓子、贾博士、贾老师等,都是儿童觉得好笑、但十分具有"坏人"感觉的名字;再比如一些事件小插曲:《樱花巷的秘密》故事的开篇,笑猫和球球老老鼠在熙熙攘攘的人群里穿梭,身体小又圆的球球老老鼠被人们当作皮球一样踢来踢去,不禁让人觉得球球老老鼠实在太惨了,故事的中间,球球老老鼠带领子子孙孙们来到骗子家里"捣乱","捣乱"结束时还让子子孙孙们齐刷刷地给骗子磕了三个响头,以谢骗子当年卖假老鼠药的不杀之恩,吓得骗子立马昏倒在地等。

四、精彩阅读

在一个没有月亮也没有星星的夜晚,几千只青蛙排着长长的队伍,浩浩荡荡地来到了翠湖公园。原来,这是一个来自乡下的青蛙合唱团。青蛙团长忧伤地告诉我,越来越严重的环境污染让他们在乡下再也活不下去了。流落他乡的青蛙们,每天都辛勤地为城里的人们消灭苍蝇和蚊子。可是,人类可怕的贪欲让青蛙们厄运连连。在我和球球老老鼠的带领下,青蛙们来到了苹果广场,来到美食街,用激昂的歌声表达他们的愤怒。灰蒙蒙的天穹下,青蛙们究竟在哪里才能够寻回他们失去的家园?

——节选自《青蛙合唱团》 前勒口

"作为一个旁观者,我可以公正地说,人是非常对不起青蛙的。"我说,"人做了很多对不起青蛙的事情。人在乡下建工厂,污染了环境,让青蛙失

去了家园,青蛙不得不逃到城里;在城里,为了城里人的健康,青蛙一心一意帮人消灭苍蝇和蚊子,可是有些人总在打青蛙的歪主意。唉,我真是不能理解!"

"笑猫老弟,只要活到我这把岁数,才知道什么叫'人心险恶'、什么叫'贪得无厌'。"球球老老鼠又开始给我上课了,"所以,人需要不断修炼,才能成为善良的人、高尚的人……"

——节选自《青蛙合唱团》 第51~52页

"我梦想我的子子孙孙不再躲在黑暗中生活;"球球老老鼠开始畅谈他的梦想,"我梦想我的子子孙孙痛改前非,改掉好吃懒做、小偷小摸、不思进取、举止猥琐等不良习气;我梦想所有的老鼠都拥有高尚的品格、高贵的气质……"

——节选自《青蛙合唱团》 第96页

如果说生命是一次旅行,那么总有一些意料之外的事会让我们的旅途精彩纷呈。比如,我偶然发现了一把古老的油纸伞的秘密,从此,时光就能在我的眼前神奇地流转。只要向左转动这把油纸伞,我就能目睹那些尘封的过往,我能听见虎皮猫在钟楼里为大家敲响的祈福的钟声,也能看见多年前作恶多端的老老鼠那丑恶的嘴脸。只要向右转动这把油纸伞,我就能提前品味未来的快乐、悲伤和离别,就能知道马小跳、杜真子、安琪儿、唐飞这些孩子未来会拥有怎样的人生。这把古老的油纸伞还将让我经历哪些神奇的时光之旅呢?

——节选自《转动时光的伞》 前勒口

我把我看到的情景告诉球球老老鼠:"三十年后,有一种来自外星球的植物入侵了地球,在地球上疯长,它们那些巨大的藤蔓疯狂地四处蔓延,眼看着就要蔓延到我们这座城市里来了。这个时候,在老鼠们中享有超高威望的你,号召你的所有子孙组成了浩浩荡荡的老鼠大军,齐心协力地咬断那种植物的根和茎,帮助人类消除了一场大灾难。"

——节选自《转动时光的伞》 第28页

地包天已经老得走不动了。虽然她的皮毛失去了光泽,但她还是被她的女主人洗得干干净净的。她的身体比以前瘦了一圈儿,背上的骨节若隐若现。

地包天的女主人爱穿自己做的旗袍。做完旗袍后,她总爱用剩下的衣料给地包天做一件外套或马甲。尽管地包天老了,但地包天的女主人还是坚持为地包天做衣服。女主人每天都换衣服,也每天给地包天换衣服,总是把地包天打扮得漂漂亮亮的。

——节选自《转动时光的伞》 第120页

在这个落叶飘飞的深秋,樱花巷里那些枝丫干枯的樱花树竟然在一夜之间花开满树。往日宁静的小巷因此变得人头攒动,热闹非凡。看着樱花树下熙熙攘攘的赏花的人群,看着扮成樱花小精灵的贵妇犬菲娜,看着被迫到"起跑线加油站"喝"智慧汤"、扎"聪明针"的孩子们和疯狂抢购天价"状元作文本"的家长们,我好像跌进了一个奇怪的梦里……是蜜儿那副神奇的眼镜和万年龟的隐身术,让我和球球老老鼠推开了一扇探寻真相的大门。我们在樱花巷里究竟会发现哪些惊人的秘密呢?

——节选自《樱花巷的秘密》 前勒口

翠湖公园里有两个欣赏落叶的好地方:一个是银杏林,一个是梧桐道。银杏林是我和虎皮猫最爱去的地方,我们在片片金黄色的落叶上散步,静静聆听脚下传来的沙沙声;梧桐道是我和球球老老鼠最爱去的地方,这里满眼是萧索的深秋景象,多愁善感的球球老老鼠最喜欢看着飘飞的落叶,感叹四季轮回,生命兴衰。

———节选自《樱花巷的秘密》 第1页

  球球老老鼠带着他的子子孙孙来了。我爬到防盗门上,重新拧开门锁,让球球老老鼠率领着他的队伍浩浩荡荡地冲了进来。顷刻间,贾博士的家里遍地是老鼠。有的老鼠跳到了椅子上、沙发上,有的老鼠跳到了桌子上、柜子上,还有一些猖狂的老鼠吊在水晶灯上荡起了秋千……贾博士的家简直就成了老鼠们狂欢的乐园。

———节选自《樱花巷的秘密》 第136页

  在一个细雨霏霏的清明节,一只与小可怜神似的猫在我眼前一闪即逝。"猫有九条命"的传说,让球球老老鼠和我们全家都坚信,小可怜没有死。循着悠扬的钟声,我和虎皮猫来到仙桃村,走遍村里的每个角落,只为能跟亲爱的小可怜再次相遇。不料,这场寻觅之旅竟如此艰难。我们日夜思念的小可怜,似乎总在不经意间,一次又一次地和我们擦肩而过……

———节选自《又见小可怜》 前勒口

  钟楼顶上,有一个金色的影子。随着一阵阵钟声,那个影子一上一下地在空中画出一道金色的弧线。那是虎皮猫在敲钟,还是那么美丽,还是那么充满活力,让我想起当年我到这里来寻找虎皮猫的情景,几乎一模一样。

  就在这时,我又看见了小可怜。她在钟楼旁边的一棵大树上,那里可以清清楚楚地看见虎皮猫。

  钟声停止,虎皮猫从钟楼里出来了。我看见小可怜竟从大树上下来了,依依不舍地跟着虎皮猫。如果这时,虎皮猫回一回头,她就能见到她日夜思念的小可怜。

———节选自《又见小可怜》 第38页

  翠湖公园对我来说,有几个最爱。我最爱的翠湖公园的季节,是落叶飘落的秋天,地上铺了厚厚一层金黄的、像小扇子一样的银杏树叶,踩在上面发出沙沙的声响;我最爱的翠湖公园的花,是严冬盛开的蜡梅花,花开的时候,暗香浮动;我最爱的翠湖公园的黄昏,是春天的黄昏,柔软的柳枝在晚风中轻轻摆动,天边总有几抹或浓或淡的晚霞;我最爱的翠湖公园的早晨,是翠湖公园夏天的早晨,沐浴着带着花香的晨风,神清气爽,会忘记所有的烦恼。

——节选自《又见小可怜》 第61~62页

一个叫欧维的男人决定去死

（瑞典）弗雷德里克·巴克曼 著
宁蒙 译

2016年瑞典年度作家，美国亚马逊作家排行 *No.1*
同名电影提名第89届奥斯卡最佳外语片
温暖席卷 **44** 国，欧美读者几乎人手一本的奇迹之书
全球销量超过 **730** 万册，上市两年仍位列小说畅销榜 **Top5**
出版后连续 **74** 周蝉霸《纽约时报》畅销书榜
豆瓣网友 **9.1** 高分推荐，goodreads 超过 **20** 万条满分好评

来，认识一下这个内心柔软，充满恒久爱意的男人

畅销书案例分析5

《一个叫欧维的男人决定去死》

陈 琦

一、基本信息

(一)图书基本信息

书名:一个叫欧维的男人决定去死

作者:[瑞典]弗雷德里克·巴克曼(Fredrik Backman)

译者:宁蒙

开本:32开

字数:226千字

定价:39.80元

书号:9787541146565

出版社:四川文艺出版社

出版时间:2017年6月

(二)作者简介

弗雷德里克·巴克曼,瑞典专栏作家、博客作者、作家,1981年生于瑞典赫尔辛堡,曾在大学修读宗教学,但没有毕业,后来曾当过卡车司机、专栏作家、博客作者。2012年发表处女作《一个叫欧维的男人决定去死》一举成名，2013年发表第二部小说《外婆的道歉信》，仅10个月内全球销量已突破150万册，2014年发表第三部小说《Britt-Marie var här》，2016年发表第四部小说《Björnstad》，均登上了《纽约时报》畅销书榜。巴克曼笔下的故事幽默又充满温情，人物常格格不入但善良有趣，因而广受世界各地读者的喜爱，他的小说已经被翻译成了35种语言。巴克曼当选2016年瑞典年度作家，位列美国亚马逊作家排行榜榜首。

二、畅销盛况

《一个叫欧维的男人决定去死》自2012年出版以来，卖出44国版权，全球销量超过730万册，位列美国亚马逊总榜前5名，出版后连续74周制霸《纽约时报》畅销书榜，在有"美国豆瓣"之称的goodreads上超过20万条满分好评，获豆瓣网友9.1高分推荐。该书同名电影荣膺欧洲电影节最佳影片，提名第89届奥斯卡最佳外语片，瑞典年度票房冠军。

三、畅销攻略

著有《这书要买100万：畅销书经验法则100招》的日本出版人井狩春男曾在其著作中写道："成就畅销书的最后关键在于读者的口耳相传——全由口碑决定。"那么哪些作品能吸引读者阅读，并得到读者的推荐？读者对于不同类型的作品有不同的要求，但精彩的内容和良好的阅读体验必不可少。因此，下面将从书名、主题、情节、形象、语言、叙述结构和封面设计这七个方面对本书进行分析。

（一）富有悬念的书名

眼球经济时代，书名的重要性不言而喻。对于一部作品而言，读者首先接触到的文字内容就是书名。它是读者决定是否翻开看看的依据,也是读者能否记住作品的关键因素。书名兼顾内容创意和营销流通两大方面,既是对图书的内容的概括,也体现了策划者对于图书的准确把握。这一点在本书体现得尤为明显。

本书的原始书名是 *En Man Som Heter Ove*,英文版名字是 *A Man Called Ove*,两个版本的书名直译成中文都是《一个叫欧维的男人》,书名缺乏吸引力,让读者不知所云。而中文版的书名改为《一个叫欧维的男人决定去死》,一改原书名中规中矩的风格,增加的这四个字使书名更加新颖,不仅点明了故事线索,而且设置了悬念,吸引读者阅读。修改后的书名虽长,但正如日本出版人井狩春男所说的:"书名只要独特有力即可,长短都无所谓……重要的是,编辑要制作出'读者只看一眼书名就想一睹为快'的书来!"

(二)温情的主题及背后的反思

当我们谈论一本图书能不能畅销时,首先要看它的主题。小说的主题就是小说通过对现实生活的描绘和艺术形象的塑造所表现出来的中心思想。出版业的畅销书与影视业的商业片类似,它们都面向普通大众,目标受众定位于平民中的大多数。趋乐避苦是人的本能,为了亲近读者,畅销书或能使读者精神振奋,或能满足读者所急所需。本书的主题就符合这一点。

《一个叫欧维的男人决定去死》讲述了一个令人愉悦又令人心碎的故事。欧维,一个59岁的古怪老头,每天一大早就四处巡视,检查停车场是否有人闯入,检查垃圾是否按规定分类,撕掉墙上粘贴的纸条,抱怨生活本不该这样,没完没了。他想自杀。直到一天早晨,当一对话痨夫妇和他们的两个女儿搬到隔壁,不小心撞上了欧维家整面外墙。

米兰·昆德拉曾说过:"所有时代的所有小说都关注自我这个谜。您只要创造一个想象的存在,一个人物,您就自动地面临着这个问题:我是什么?通过什么我能被捉住?这是一个基本问题,小说这个东西就是建立在它上面。"那么本书建立在什么之上?本书的作者弗雷德里克·巴克曼通过叙述欧维失去妻子求死、死而不得、重新找到生命的意义这一过程,展现了人性中关于爱的美好的一面。欧维与索雅的爱情,欧维与邻居的友情,欧维式同情……爱是畅销书中的基本主题,主人公的自我救赎也是读者所希望看到的。然而除了这种温情的、治愈的主题外,作者还通过欧维之口表达了他对现实社会的思考。

"欧维其实并不认为自己无可救药,他只是希望一切井井有条。他觉得做人不能朝三暮四反复无常,就好像忠诚一文不值。如今换东西那叫一个快,怎么把东西造得坚固一点的知识反而显得多此一举。质量——早就没人在乎了……这是一个还没过期就已经过时的世界。整个国家都在为没人能正经做事起立鼓掌,毫无保留地为平庸欢呼喝彩。"无论是在瑞典还是中国,浮躁与功利仿佛是一场流行性感冒,迅速地感染了每个人,而且我们不知道何时能自愈。人们生活在算计和他人的评价中,"能脚踏实地地做事已经不值一提了。"17世纪人们讨论"生存还是毁灭",19世纪人们关心"战争还是和平",与之相比,我们这个时代思考的问题是多么渺小,不值一提。但它是我们当下面临的问题。"现在已经没人这么做了,承担责任。"在温情的主题背后,作者的反思同样值得我们注意。

(三)抓人眼球的故事情节

情节即叙事作品中表现人物之间相互关系的一系列生活事件的发展过程,而经典的小说作品往往开篇就能抓住读者眼球。戴维·洛奇曾说:"小说的开始是一个入门界限,它把我们居住的真实世界和小说家想象出来的世界区隔开来。就像俗话说的,它'把我们拉了进去'。"然而随着电影工业、互联网技术和新媒体的发展,"讲故事"不再是小说的专利,阅读的乐趣也不如影视剧来得更快,小说的领地正在被压缩。在如此困境中,小说家如何把读者"拉进门去"?小说作品大致有五种开场方式:有介绍故事人物的,有交代故事背景的,有开篇进入故事情节的,有以简练深刻的话语开篇的,还有以闲谈的方式作为开场白的。本书的开篇也很有特点。

"欧维五十九岁。开萨博。看到不顺眼的人,他会像见了贼一样指指点点,食指宛如警用手电——他就是这种人。"短短三句,清晰明了,既刻画了一个脾气古怪、坚守原则的老头,又显示了小说风趣、调侃式的语言风格。小说的第一章叙述了欧维买电脑的过程。欧维想买一台电脑,用他的"警用手电"在柜台上指指点点,然而和店员的沟通并不顺畅,店员叹气的时间"足够朗诵一篇史诗"。当欧维气的一个店员嘟囔着去吃午饭时,欧维哼了一声,"午饭?如今人的脑子里也就这点破事。"如此一个寻常的买电脑的情景也能一波三折,怎会不抓人眼球?然而除了吸引读者阅读外,《一个叫欧维的男人决定去死》的开篇还有塑造人物形象、与后文相呼应等效果,之后详谈。

　　传统小说理论强调小说叙事和三个基本要素有关,即人物、情节和环境。"文似看山不喜平",情节作为小说的骨架,要想撑得起整个作品,就不能平铺直叙,总要有一些波澜。戴维·洛奇也曾在《小说的艺术》中谈道:"小说是一种叙述体;叙述体,不论利用哪种媒介——文字、影片、连环漫画——都依靠在读者心中激起疑问,并延迟给予答案,来纠缠着读者的心思。"在这一方面,本书的"纠缠"就显得张弛有度、扣人心弦。从本书的书名《一个叫欧维的男人决定去死》开始,读者已经知道欧维寻死的意图。在第二章欧维注销了电话号码退掉了之前订阅的报纸,下定决心在天花板上装个钩子时,读者会意识到欧维决定去死了。然而"正当他沉浸在这个最重要的时刻,一阵刺耳的长长声响无情地把他打断"。新搬来的邻居开着挂拖斗的车撞上了欧维家的外墙。当他终于解决了邻居的问题,装好了钩子后,却因为绳子质量太差而摔在了地板上。之后欧维又尝试了用汽车尾气自杀、卧轨自杀、吞药品自杀、开枪自杀,然而都因为种种原因没有成功。故事随着欧维的自杀计划波动前进、跌宕起伏,读者也对欧维为何要自杀、是否自杀成功感到好奇。随着各个人物之间的矛盾冲突,情节的走向既在情理之中,又在意料之外,愈发有悬念感。

（四）给人以亲近感的人物形象

英国作家E. M. 福斯特曾在其作品《小说面面观》中将小说中的人物形象分为圆形人物和扁形人物。圆形人物即人物性格比较丰满，具有立体感，表达出了人物的复杂性和多面性。反之，扁形人物则是围绕着单一的观念塑造，有类型化的特点，常见于篇幅较短的作品或长篇作品中的配角形象。本书的主人公欧维是典型的原型人物。作者是如何塑造欧维这个形象的？最为常见的介绍人物的办法就是描述人物的外表，并对他的生平进行概括。然而用这种平铺直叙的方法塑造出的人物形象并不容易给读者留下深刻印象。现代小说家通常倾向于让人物的细节信息慢慢地、通过多变的行为与话语浮现出来。本书的作者正是这样做的。

本书的开头是"欧维五十九岁。开萨博。"作者并没有对欧维的外表或身份进行过多的描写，仅仅介绍了他的年龄和他开的车。读者初读时可能会忽略"开萨博"这个信息，然而随着阅读的深入，读者会发现"萨博"是欧维的固执与专一的象征。这样的开头虽然简短，但信息量丰富。开篇第一章欧维买电脑的经过是作者塑造主人公欲扬先抑手法中"抑"的部分。小说一开篇，欧维是一个满腹牢骚，指指点点的"讨人嫌"。他在小区巡逻、赶走流浪猫、管闲事、抱怨社会……他存在的意义似乎就是和所有人过不去。这样的人物形象很普通、很典型，能让读者立刻产生联想。日本出版人井狩春男曾指出"亲近"的关键之一是作者，"对读者来说，耳熟能详的名字都算是亲近的人。"而对于本书来说，作者塑造的人物形象能让读者联系到自己身边的人，也达到了构建与读者的亲密联系的效果。

阅读本书可以发现，小说中有大量重复的词组、句子和语段。小说中对欧维的起床时间的描述就有"六点差一刻，他准时醒来""欧维在差一刻六点的时候起床""现在，六点不到一刻钟"等。此外重复的叙述还有煮咖啡、巡逻、关掉暖气片、更换不同型号的萨博等。这些反复不仅仅可以塑造主人公欧维固执、有原则的性格，还强调了索雅对于欧维来说的重要性，欧维与索雅之间的爱情,"只要索雅在,生活就有规律"。

除此以外,欧维交还捡到的巨额钱款,不在背后说人闲话,冲回火场救人而失去自己的房子,帮助遭受家庭暴力的男孩吉米,收留因同性恋被赶出家门的米尔莎德,"他对正义、道德、勤劳以及一个对错分明的世界深信不疑。并不是因为这样的人会赢得奖牌或证书,或者会被别人拍拍肩膀说声好样的,而是这样处世的人不多了"。虽然他每次都不善言辞,但正如书里所说的"一个人的品质是由他的行为决定的,而不是他所说的话",这些情节塑造了一个正直、富有同情心的欧维。这样的欧维与抠门的欧维、坏脾气的欧维、刻薄的欧维并不矛盾,这不仅仅体现了性格内容的多侧面性、性格内容构成因素的多层次性,而且体现了人物性格的发展性。而这三点正是反映原型人物性格丰富性的三方面。也正是这样正直、善良又有小缺点的人物形象更加贴近生活,贴近读者,使读者对此产生亲近感。

(五)风趣的语言和传神的翻译

以语言为媒介把握现实生活、表现主体的思想感情,是文学的基本特征。文学与其他诉诸视觉和听觉的艺术相比,文学的形象性和生动性并不直观。但是文学也因此获得了自己的天地,一个依靠语言引发的想象而创造出来的艺术世界。作为感知文学作品的唯一途径,语言和翻译就显得尤为重要。

幽默风趣的语言是本书的一大特点。例如欧维对一个厌烦的女邻居的印象是"整天穿着跟扳手一样高的高跟儿鞋在小区里晃悠得像只喝高了的大熊猫,脸画得跟脸谱似的,戴一副硕大的太阳镜,大得你都不知道该管它叫眼镜呢还是叫头盔"。读过这段话,读者对这位女邻居都有具象的认识。而且通过这段描述,也能侧面反映出欧维古怪、刻薄的一面。

另外,语言上的变化也能细腻地传达思想感情,表现人的心理活动。例如欧维对小区的流浪猫的态度。欧维与猫咪第一次相遇时,"欧维寻思着要不要朝它砸个木屐什么的。猫咪一脸晦气,心想没有木屐给他抽回去"。当欧维被迫收留猫咪,给猫咪穿上袜子后,"猫咪自己站在那儿,好奇地端详着自己的新扮相,反倒突然扬扬自得起来,就像它要端起手机自拍上传博客似的"。欧维虽然暂时收留了猫咪,但心里并没有接受它,于是他把猫咪吼了出去,同他一起巡逻。而当欧维与猫咪相处了一段时间,内心认可了猫咪的存在后,他在夜晚想用猎枪自杀时意识到枪响会把猫咪惊醒,会吓坏它的。于是他打开收音机,"如果猫被响声惊醒,大概会以为这只不过是收音机在播放时下流行的时髦音乐,然后就接着睡去了"。作者并没有直接写出欧维对猫咪的态度变化,而是用这种不明显的方式暗示,幽默而又不直白,正符合欧维古怪、别扭的性格。

文学作品要想走向世界,必然要经过翻译。英国翻译理论家纽马克将文本类型划分为三类即表达型文本、信息型文本和呼唤型文本。表达型文本往往使用夸张、比喻、拟人等文学修辞,以及一些带有个人印记的词语和句型以表明作者的态度、情感、价值取向等。很显然,小说属于表达型文本。为了使译文产生与原文同样的效果,对原文内容进行增补,进行具体化的阐释,就变得必不可少。例如第二章里有这样的描述:"但欧维已经付清了房贷,自食其力。上班。一辈子从来没有一天病假。一个萝卜一个坑。承担一份责任。"这里选择"一个萝卜一个坑"这种常用俗语,生动地表现出了欧维的责任感,也使文本内容与中国读者的语言环境更为贴近。

(六)独特的叙述结构

关于叙述结构,戴维·洛奇有个形象的比喻:"叙述结构就像支撑起现代高层建筑的主梁:你看不到它,但是它的确决定了这栋建筑的外形与特色。"我们最常见的叙述结构就是"发生—发展—高潮—结局",在故事框架的四个环节之中存在着大量的空隙和事实上的停顿,这种方式常常导致读者在阅读中跳过了中间的许多章节。那么如何解决这一问题?格非在《小说叙事研究》中提到:"作家的幽默感和丰富的知识可以暂时地弥补存在于传统故事叙述中的这一缺陷,但这毕竟不是长久之计。"更多作家面对这一问题时,选择将故事进行拆解和重组,用一种新的方式重新组合在一起。毕竟小说的艺术是一种结构的艺术,是对生活的"时间统一性"的破坏和重组。在这一方面,本书的作者也采用了这种方式。

从书名可以知道欧维寻死是一条主线,作者围绕这一主线,用插叙的手法交代了欧维的成长经历、与索雅的爱情故事和与老邻居鲁尼的故事。正如书中所说:"每个人的生命中总有那么一刻决定他们将成为什么样的人。你不了解那个故事,就不了解那个人。"随着作者补充的内容的增加,读者了解到欧维的不同方面,进而对开篇塑造的古怪固执的主人公形象有了不同的理解。

格非曾在《小说叙事研究》中谈道:"对于具体的小说作品而言,自古以来,小说美学对于故事的'整一性'有着极高的要求,这种整一性要求故事的结构形式的统一和完整。"前面我们提到了本书的第一章叙述的是欧维买电脑的过程,继续看第二章、第三章似乎与买电脑并无关联,买电脑事件似乎只是一个小插曲。然而看到第三十八章(全书共四十章),欧维送给邻居家的小女孩一台电脑时,我们会发现原来第一章并不突兀,本书情节的首尾是这样联系在一起的。此外,本书的开头是"欧维五十九岁。开萨博。"这一信息极容易被初读者忽略,然而当读者读到故事的结尾处,邻居领一对新婚夫妇看房子,当谈到男孩开什么车时,"男孩第一次放松下来,嘴角露出一丝无法察觉的微笑,那双直视着她的眼睛里充满难以抑制的骄傲,这种骄傲只有一个词可以表达:萨博"。故事的开始和结尾相呼应,形成了一个完整的结构,能够满足人们的喜欢刨根问底的心理,使读者从故事的结局中得到审美的愉悦。

(七)配合宣传的封面设计

在书店里,一本书的装帧和书名对销量有很大影响。现在网购盛行,一本书的封面能否在众多图书封面中脱颖而出也尤为关键。日本出版人井狩春男认为成为畅销书的图书,在颜色的选用上都有共通性,也就是所谓的暖色系。本书的封面选用了同名电影中主人公欧维的背影,凸显欧维的孤独之感。封面设计与美版图书相似,可以吸引看过电影的读者的注意。

封面的三分之二是蓝天,色调偏冷,于是选择橙色的书名和腰封。橙色一方面在视觉上能更加吸引读者注意力,另一方面也突出了腰封文案。说到腰封文案,因为本书由瑞典作家创作,并不为国内读者所熟知,因此文案重点突出本书在全球范围内的影响力,包括"同名电影提名第89届奥斯卡最佳外语片"、"温暖席卷44国,欧美读者几乎人手一本的奇迹之书"等。腰封文案内容排版错落有致,重点突出,能起到吸引读者阅读购买的作用。

四、相关阅读

欧维在差一刻到六点的时候起床。给他的太太和自己沏上咖啡。四处检查暖气片,确认太太没有悄悄把它们又打开。它们当然都和昨天完全一样,但他还是把它们的旋钮又调低了一挡。以防万一。客厅里,仅剩六个挂钩没挂她的衣服,他从其中一个钩子上取下自己的外套,出门巡逻。记录车牌号,检查车库门。他注意到天开始凉了起来。快到把蓝色秋季外套换成蓝色冬季外套的时候了。

他总是知道什么时候会下雪,因为一到时候,他的太太就会开始念叨要把卧室暖一暖。疯了,每年这时候欧维都一口咬定。电力公司老板休想因为一点季节更替的小事就坐享其成。暖个五度,一年就得多花几千克朗,这个欧维算得出来。所以每年冬天他都会从阁楼上取下那台他在跳蚤市场上用一台老式留声机换来的柴油发电机,然后接上以清仓价三十九克朗买来的暖风机。用发电机启动之后,暖风机能在欧维安装的小电池上跑上半个小时,这样欧维的太太就能在躺下睡觉前让靠自己这边的床暖和上几次。不过欧维还是叫她不要太浪费,柴油也不是白给的。太太就像往常一样,点头表示欧维说的有道理。然后整个冬天,她都会趁他不注意,偷偷把暖气片打开。每年都是这样。

——节选自《一个叫欧维的男人决定去死》 第25页

"昨天我答应来却没来,你一定生气了吧。"他喃喃道。

她不作声。

"整个小区都快变成疯人院了。"他替自己辩解。

"一团糟。如今还得亲自出去替他们倒拖斗车,连挂个钩子的工夫都没有。"他继续争辩。

他清清嗓子。

"天黑就不能挂钩子了,你明白的。这样就不知道灯什么时候灭了。电表就这么一直跑,可不行。"

"家里没有你,简直乱了套。"

她没有回答。欧维用手指拨弄着花瓣。

"你不在家,一个人整天在这房子里转悠一点都不自然。我就想说这些。这日子没法过了。"

她连这话都没有接茬。

他点点头,递上鲜花好让她看见。

"粉红色,你喜欢的。温室栽培。店里的人管它叫'常年花',我才不信呢。这么冷的天,它们显然会被冻死,店里的人也承认了,不过他们这么说只是为了推销更多垃圾给你。"

他看上去就像在等待她的认可。

"他们还有藏红花炒饭。"他低声说。

"我说的是新邻居。外国人。吃藏红花炒饭过日子。不知道这有什么好处。吃土豆烧肉不好吗?"

又是沉默。

他默不作声地站在那儿转着手指上的婚戒,仿佛在寻找新的话题。引导谈话方向这活儿对他来说还是太痛苦。这本来就是她的专职之一。他负责回答。现在这种新情况，他们俩都还得适应。最后欧维蹲下身，把上周插在那儿的旧花又挖出来，小心翼翼地塞进塑料袋。插上新花前翻动了一下冻僵的泥土。

"电费又涨了。"他站起身后告诉她。

然后他只是双手插兜站在那儿看着她，最后他小心地把手搭在那块大石头上，温柔地从这端轻抚到另一端，仿佛轻抚着她的肌肤。

"我想你。"他低声说。

六个月前，她去世了。但欧维还是每天两次走遍所有房间，摸摸暖气片，看她有没有悄悄把它们打开。

——节选自《一个叫欧维的男人决定去死》 第32页

他们把钱包放到失物招领处时，柜台里坐着的女人不敢相信自己的眼睛。

"它就这么躺在地板上？你们没看见个包什么的？"她问。欧维困惑地看看父亲，但父亲只是沉默地站着，欧维就照做了。

柜台里的女人对这个反应挺满意。

"没多少人会把这么多钱交出来。"她边说边冲欧维笑。

"有脑子的人也不多啊。"父亲简短地说，然后拉上欧维的手，脚跟一转，回去工作了。

沿着铁轨走出几百米远后，欧维清了清嗓子，鼓起勇气问父亲为什么不提汤姆拿走的手提箱。

"我们不是到处讲别人闲话的人。"父亲回答。

欧维点点头。他们沉默地继续前进。

"我想过要把钱留下来。"欧维终于悄悄地说出口，还把父亲的手握得更紧一些，就好像害怕他会把手甩开。

"我知道。"父亲说，也把手握得更紧。

"但我知道换了你一定会把它还回去，而且我知道汤姆这样的人是不会这么做的。"欧维说。

父亲点点头。一路无话。

欧维要是那种总是回头想一想自己是何时变成了现在这样的人,他大概会归结,就是那天,他学会了明辨是非,但他并不是那种人。他记得,从那天开始,他决定尽可能做个和父亲一样的人,这样他就很满足。

——节选自《一个叫欧维的男人决定去死》 第40页

她总是备受瞩目,这不是问题。那些形形色色的追求者排起长队。高矮胖瘦黑白俊丑,或伶牙俐齿或坚韧不拔,或优雅大方或自命不凡,或金发碧眼或无度贪婪,要不是他们忌惮坊间流传的故事,说索雅的爸爸在树林中的僻静小屋里藏了几把枪,还会更积极一些。但从来没人像火车上坐到她身边的男孩那样端详过她,就好像她是世界上唯一的女孩。

有时候,特别是头两年,一些女伴质疑她的选择。索雅非常美丽,身边的人大都觉得这很重要,总是提醒她。另外她还非常爱笑,不管生活如何对待她,她总是积极地面对。但欧维却有点……好吧,他就是欧维。她身边的人也总是这么提醒她。他上初中的时候,就是个小老头了。他们说,她能找个更好的。

但对索雅来说,欧维从来都不阴沉、不尖锐,也不刻薄。对她来说,他就是他们第一次共进晚餐时那些有点褶皱的粉红色玫瑰。他把他爸爸有些紧身的棕色西装套在了自己宽阔的肩膀上。他对正义、道德、勤劳以及一个对错分明的世界深信不疑。并不是因为这样的人会赢得奖牌或证书,或者会被别人拍拍肩膀说声好样的,而是这样处世的人不多了,索雅知道。所以她想守住这个人。他或许不为她吟诗、唱夜曲,也从来没有送过她昂贵的礼物,但从来没有别的男孩就因为喜欢坐在她身边听她说话而愿意反方向坐几个小时火车。

她抚着他那比她的大腿还粗的小臂,胳肢他,直到这个顽固的男孩露出笑容,就像包裹在珠宝周围的石膏模具碎裂开来,这时索雅心里就会唱起歌来。这些时刻，只属于她一个人。

——节选自《一个叫欧维的男人决定去死》 第133页

他们搬进排屋后，欧维在储藏室里一待就是几个星期。完工后，客厅里就多了一个她所见过最漂亮的书橱。

"你总得有个地方摆书。"他喃喃地说着，用螺丝刀尖拨弄着大拇指上的一处伤口。

她蜷入他的怀中，说她爱他，他点点头。

关于他手臂上的烧伤，她只问过一次。欧维勉强说出那个故事后，她不得不把那些简短的碎片拼凑起来，还原出他失去房子时的真实情况。但最后她终于明白了他的伤是怎么来的。之后，每当有朋友问她为什么会爱上他的时候，她都会回答，大多数人逃离火场，但欧维这样的男人冲向火场。

——节选自《一个叫欧维的男人决定去死》 第135页

"爱上一个人就像搬进一座房子，"索雅曾说，"一开始你会爱上新的一切，陶醉于拥有它的每一个清晨，就好像害怕会有人突然冲进房门指出这是个错误，你根本不该住得那么好。但经年累月房子的外墙开始陈旧，木板七翘八裂，你会因为它本该完美的不完美而渐渐不再那么爱它。然后你渐渐谙熟所有的破绽和瑕疵。天冷的时候，如何避免钥匙卡在锁孔里；哪块地板踩上去的时候容易弯曲；怎么打开一扇橱门又恰好可以不让它嘎吱作响。这些都是会赋予你归属感的小秘密。"

——节选自《一个叫欧维的男人决定去死》 第273页

FOUNDATION

银河帝国 ❶ 基地

"人类历史上不容错过的系列小说（Best All-Time Novel Series）"
——世界SF小说协会，1966年，俄亥俄州

艾萨克·阿西莫夫 [美]
叶李华 译

"银河帝国"百万册全新纪念版
Best All-Time Novel Series

阿西莫夫·永恒的科幻经典
十年来，数万次修订，成就中文世界传世译本
"女士们，先生们，世界上只有一个阿西莫夫。"

ISAAC ASIMOV

江苏凤凰文艺出版社

畅销书案例分析6

《银河帝国：基地七部曲》

刘 畅

一、图书基本信息

(一)图书介绍

书名：银河帝国：基地七部曲

作者：[美]艾萨克·阿西莫夫（Isaac Asimov）

译者：叶李华

开本：32开

字数：2119千字

定价：328.00元

书号：9787539983356

出版社：江苏凤凰文艺出版社

品牌：读客

出版时间：2015年10月

(二)作者简介

艾萨克·阿西莫夫，俄裔美籍作家，著名科幻小说家、科普作家、文学评论家,美国科幻小说黄金时代的代表人物之一,被全世界的读者誉为"神一样的人"。

1920年1月2日,阿西莫夫出生在俄罗斯莫斯科西南部一个名叫彼得罗维奇的小村庄里,父母是俄国犹太人。1923年1月11日,阿西莫夫一家离开了俄罗斯,到美国纽约布鲁克林定居,并在当地开了糖果店。阿西莫夫从小就很聪明,普通人的智商一般是80分,而他的智商在160分左右。

阿西莫夫从11岁开始写作,15岁时阿西莫夫高中毕业,之后进入了哥伦比亚大学。20世纪30年代中期,阿西莫夫成为一名科幻迷。从1935年,他开始给《惊奇故事》投稿,从此以后便笔耕不辍地发表科幻作品。在阿西莫夫逝世前不久,他曾自述出版过467部著作,但研究他作品的专家称,他至少出版过480部著作。

阿西莫夫与儒勒·凡尔纳、赫伯特·乔治·威尔斯并称为科幻历史上的三巨头,同时还与罗伯特·海因莱因、亚瑟·克拉克并列为科幻小说的三巨头。阿西莫夫也是著名的门萨学会会员,并且后来担任副会长。其作品中以《基地系列》《银河帝国三部曲》和《机器人系列》三大系列被誉为"科幻圣经"。曾获代表科幻界最高荣誉的雨果奖和星云终身成就大师奖。他提出的"机器人学三定律"是当代机器人研究的基本法则,被称为"现代机器人学的基石",他预言了今天的生物科技,预言了互联网时代的数字图书馆,预言了人类将进行太空殖民。

(三)译者简介

叶李华,1962年生,台湾大学电机系毕业,加州大学伯克利分校理论物理博士,现任交通大学建筑研究所助理教授兼科幻研究中心主任,并任教于台湾大学、台湾地区"清华大学"、政治大学与台湾师范大学。

叶李华致力推广中文科幻与通俗科学二十余年,相关著作与译作数十册。自1990年起,即通过各种渠道译介、导读及讲授阿西莫夫作品,被誉为"阿西莫夫在中文世界的代言人"。

曾获"中国时报"张系国科幻小说奖首奖、吴大猷科学普及著作奖银签奖。

二、畅销盛况

《银河帝国·基地》系列自出版以来，对人类的太空探索、政治局势、前沿经济学理论、科幻小说创作、好莱坞影视等多方面都产生了深远的影响。《银河帝国》系列小说在美国创造了畅销神话，持续卖了60年，至今仍盘踞亚马逊网站科幻小说最畅销前100名榜单，累计销量超过5000万册。

2005年《银河帝国·基地》在中国引进出版，起初由于种种原因，销量颇为惨淡，据第三方监控——开卷数据显示，最多一本销量为2053册，全套22本总销量为20854册。2012年，上海读客图书重金买下《银河帝国》的小说版权，重新向中国读者推荐这套"讲述人类未来2万年历史"的经典小说。

《银河帝国·基地》项目的参与者资深科幻编辑许姗姗在2015年接受《扬子晚报》的记者采访中回顾到，2012年4月6日，在阿西莫夫逝世20周年这一天，《银河帝国·基地》正式在国内开售。当时对这套书的心理预期是在一年卖出30万册，然而，头三个月的销量只有5万册，虽然单本5万册的销量已经超过了老版本《基地》过去十年的销量总和，但这个成绩与心理预期相去甚远。

此后，读客公司以一个半月推出一本的节奏推出了《银河帝国·基地》系列的其他书。直至2013年11月，"基地七部曲"全部出版完毕。凭借该系列稳定而强势的好口碑，"基地七部曲"套装一经推出，就登上了当当科幻小说榜的TOP1。

2014年，电影《星际穿越》的走红给科幻市场投了一枚炸弹。许姗姗回忆当时，"《银河帝国·基地》以一天接近2000套的订单量在疯涨，每天都有货源补上，但一补上就被卖空，所以网站页面一直都显示断货，这个断货状态整整持续了50天"。

2018年2月7日，由SpaceX公司发射的人类现役运力最强的"重型猎鹰"

火箭中,搭载了创始人马斯克的一辆樱桃红色特斯拉Roadster跑车,就在这台特斯拉上,带着一套阿西莫夫的《银河帝国》,"猎鹰号"新闻发出以后,《银河帝国》的销量随之暴涨,"过去24小时,它的销量也从日销2000套暴涨到了5000套,读客图书正在紧急加印中。对电子书销量的带动也极为明显"。[1]

截至2018年5月20日,《银河帝国》在京东、当当、亚马逊三大图书电商平台中均属热销且长销的图书,《银河帝国·基地》七部曲在京东自营小说销量榜中排名第41位,在当当小说榜中排名第62位,在亚马逊科幻小说榜中排名第4位。"基地系列"是《银河帝国》整套作品中,排名最靠前的系列,且七部曲比任意单本的销量都要好,在读者的心中,"基地系列"是全套书的经典代表作,其出版的时间最早,叙事的场景最宏大,有最完整的历史视野;七部曲的语言简单,情节设置紧密,吸引读者有意愿购买并阅读完整的"基地系列"。

三、畅销攻略

(一)中国科幻市场正在迎来最好的时期

受到历史环境和出版政策的影响,科幻小说很长时间以来,在中国图书市场中都没有受到广泛关注,直到2006年5月,《三体》开始在《科幻世界》上连载,当即引发了读者的狂热追捧,2010年12月,在万众期待中,刘慈欣推出了"三体"三部曲的最后一部《三体3:死神永生》,在极短的时间内就售出10万本,2015年8月23日下午,刘慈欣凭借《三体》获得雨果奖,带领科幻小说在中国图书市场中的地位又上升了一个台阶,科幻类小说开始得到越来越多的受众群体的喜爱。2015年年末图书市场卖出了20多部科幻小说的改编

---

[1] 现代快报.猎鹰号发射成功改写历史《银河帝国》销量一夜暴涨[EB/OL].(2018-02-08)[2018-10-31]. http://www.myzaker.com/article/5a7c3c611bc8e0d366000255/.

权,创历史纪录;2016年郝景芳再获"雨果奖",郝景芳的获奖直接带动了科幻小说在阅读市场的蹿升,仅掌阅一家电子书平台就狂销30万册,带动掌阅科幻类电子书销量100%暴涨;在2017年,科幻小说已经成为最受关注的图书类别,无论是国内本土还是海外引进版的科幻小说,很快就成为热议头条。❶

据不完全统计,截至2017上半年,中国的泛科幻读者、观众与科幻迷共计达8000余万人。国家新闻出版广电总局电影电子政务平台的数据显示,2017年我国备案登记的科幻电影已达85部,相较于2014年的17部和2015年的63部,近三年中国科幻电影的发展呈现出良好的上升趋势。中国科幻小说的畅销带动了相关文化创意产业的发展,图书、影视、动漫、游戏、创客空间,全产业链联动发展,一旦布局完善,发展潜力巨大。❷

中国正在迎来科幻市场发展的良好时机,作者的创作动力和读者的接受能力都处于上升期,市场的宽容、科技意识的觉醒、产业的良性发展、国内读者的阅读习惯逐渐与国际接轨,都有助于为作者提供良好的创作空间,此外,科幻影视作品的宣传造势,也为科幻类小说的畅销带了一波又一波的热度。

(二)作者的影响力和精妙的情节设置是作品畅销的基础

1. 阿西莫夫的渊博学识成就《银河帝国》

阿西莫夫从1950年到1993年,43年的时间里,先后创作了《银河帝国》系列科幻小说作品15部,早在半个多世纪以前其作品中的创想,已经成为当今科技发展的趋势,作品中关于人类社会的未来预言,正在逐渐得到印证。

阿西莫夫是一个全知全能的作家,他的写作内容涵盖了杜威十进图书分

---

❶ 搜狐. 科幻小说为啥越来越火? 共同体[EB/OL]. (2017-03-26)[2018-10-31]. http://www.sohu.com/a/130419231_648599.

❷ 搜狐. 科幻阅读正处于最好阶段[EB/OL]. (2017-08-17)[2018-10-31]. http://www.sohu.com/a/165427885_99941517.

类法每一个范畴,广博的知识储备使其将科幻小说带入全新的境界,其著作几乎覆盖人类生活的各个方面,上天下海、古往今来、从恐龙到亚原子到全宇宙无所不包,从通俗小说到罗马帝国史,从科普读物到远东千年历史,从圣经指南到科学指南,再到两性生活指南,每一部著作都朴实、严谨而又富有幽默风趣的格调。到了晚年,他开始变得"好色",出版了一系列两性话题的"黄书"。

阿西莫夫说自己想写这样一部书是受到英国大历史学家爱德华·吉本的影响。爱德华的著作《罗马帝国衰亡史》讲述的是罗马帝国衰亡的历史过程,叙述了一个曾经强盛的帝国是怎样逐步崩溃,然后进入一个黑暗时期。在《银河帝国·基地》系列中,同样描述了一个帝国从强盛到衰败的无可挽救的过程。

在豆瓣上,有关于《银河帝国·基地》系列的书评有222条,动辄长达三五千字,读者们大多数都在表达被小说内容、想象力、架构、理念而震慑后的赞叹。由于这套系列丛书的内容庞杂,涉及的学科领域广泛,读者在理解内容的过程中需要结合个人的经历感受和知识体系,有读者说,阅读《基地》的方式有很多种,"你可以把它当作一本讲述银河帝国衰败与兴盛的'中世纪史'来读;可以把它当作一本为个人成长提供教导的书来读(第一基地和第二基地的关系就像孩子与父母的关系,第二基地一直在监护第一基地的成长,并在第一基地需要变得更强大的时候隐退);也可以把它当作一本政治著作来读;还可以把它当作一本追问自由的书来看(因为银河帝国的起落兴衰,都是经过测算的安排,都是谢顿计划的一部分)";也有读者从中看出了帝国的科学宗教史。

2. 台湾学者叶李华对译文精心锤炼

《银河帝国·基地》系列中文版最早是在台湾地区授权出版发行,繁体中文版的"汉声版"和"奇幻基地版"均由叶李华博士翻译,"汉声版"是叶李华在学生时代翻译完成的,据此十年后,叶李华改正纰漏,重新修订翻译了"奇幻基地版"。在接受采访的过程中,叶李华评价了两个版本的差异时提到,十年前的译笔并不成熟，译文有不少小错，有些是自己的疏失，有些则是编辑擅改的结果；他对此感到羞愧与痛恨，这令他决心逐字逐句修改重译。虽然在文风上依然保留了译者的个人风格，但是"奇幻基地版"在"信、达、雅"上皆有进步，最明显的是，"奇幻基地版"的每一本的字数都大约只有"汉声版"的90%，但是经过文字精炼，"奇幻基地版"的译文更加忠于原著。

江苏凤凰文艺出版社最早在2012年出版的简体版"基地系列"，是由叶李华2011年正式授权的简体中文版，叶李华先生在新译本的基础上，专门针对大陆读者的阅读习惯进行了修订，主要在于两岸用词与惯用表达法不同，此外，叶李华在修订的同时，又对很多地方进行校正，仅《银河帝国·基地》这一本就有多达几百处的润色修改，江苏凤凰文艺出版社2012年出版的是相比较之前所有版本中，翻译最理想的版本。

译者叶李华在接受《华商晨报》的采访中，表达了自己对阿西莫夫作品的热爱和崇敬，曾说："阿西莫夫的科技预言一向经得起时间考验，令人怀疑他简直是个自由穿梭时光的旅人。例如他在1980年写过一篇《全球化电脑图书馆》，我们只要读上几段，便会赫然发现主题正是十五年后的'万维网'。而他在发表于1988年的《化学工程的未来》这篇文章中，则已经讨论到当今最热门的生物科技。"在谈到阿西莫夫的作品畅销不衰的奥秘时，叶李华表示："在我看来，至少有两个原因。其一，他对人性的掌握十分精准，而人性的本质并不会随着时间改变，因此他笔下的人物永远能和新一代的读者取得共鸣。其二，在他的小说中，有着许多高瞻远瞩的科技预言，足以指导未来数世纪的科技发展。"

译者是在原作的基础上，使用另外一种文化表达进行再创作，正因为叶李华教授对原著的尊重与热爱，对工作的认真和勤恳，才有这样经过字斟句酌，千锤百炼的汉语译文，才让中国读者们有幸与遥远的阿西莫夫对话，与遥远的太空宇宙勾连，才有幸感受到简洁通透的语言中潜藏的魔幻力量，就像来自20世纪50年代的一声面向未来的呼喊，借着时间的风，传向更远，借着译者的笔，让更多的人听见。

3. 跌宕起伏的情节透视人类社会文明

梁文道曾这样评价阿西莫夫的"基地系列":"除了预言新知识、新领域、新观念和新技术,科幻小说还将人类社会的组织、历史、文明放在科幻的背景下,研究其中潜藏的各种问题和可能性。这种小说真正要写的不是一个纯粹空想的未来或者一些宇宙深处的故事来让我们想象和娱乐,而是要在那个背景下重新观察和思考人类社会到底是怎么回事。我们不妨把这种小说看成关于人类社会文明、历史政治的实验小说。'基地系列'之所以伟大,正因为它是这样一种小说。"

小说的科学思维贯穿始终,小到谢顿教授的学科背景设置,大到银河人类文明的走向,都拥有深厚坚实的学理支撑。小说中的哈里·谢顿博士是心理史学的创立者和研究者,心理史学是以数学为基础,融合了心理学与历史学,并综合经济学、社会组织研究和博弈论进行跨学科研究。心理史学基于数学模型推演出来的结果是,看起来强大繁盛的银河帝国即将在三个世纪内完全毁灭,帝国崩溃后,可能持续三万年的黑暗时代接踵而至,彼时的人类退化至无政府的混乱状态,知识消失、秩序瓦解。很多科幻小说都是描绘科技在未来带给人类社会全新的可能性,便利、智慧、发达、高度的文明和秩序,那是一切都更加强盛的时代,然而,阿西莫夫却站在历史文明的节点,开启了理智的反思,利用通透的哲学思想,刻画立体的人性,逻辑严谨地推导致使帝国衰落和崩溃的原因。阿西莫夫在作品中透露着对人类历史细致的洞悉,比如每个强大的国家在看起来国势强盛的时候,往往会埋下衰败的种子;在动荡时期,宗教成为统治人心和思想的有效手段;商业贸易的发展最终会导致资本的集中化,政治寡头随之出现;每个对应情节的构思,都是在运用巧妙的手段,简单描述通俗易懂的故事,引发读者更深层次的思考,触发的是现实人类文明的真实而潜在的规律。

(三)读客图书别具匠心的品牌策划与营销方式

1. 华楠:"货架思维"包装《银河帝国》

读客的董事长华楠对于产品的包装提出了"货架思维",即实现与虚拟购买者的对话,要让虚拟购买者在看到包装文案的时候,对每一句话、每一个符号都有反应,进而与购买者实现沟通,让购买者"坐着滑梯,一直滑到收银台"。

华楠强调,在与虚拟购买者发生沟通的过程中,要把握发现感和价值感。价值感的意义在于使购买者直截了当地发现商品最具有针对性的效用和使用价值;发现感就是让消费者感觉到"天啊,世界上居然还有这么好的东西,我以前居然不知道";"一定要捶胸顿足地承诺,一定要脸皮厚,千万不要不好意思,一定要用尽所有极端的词汇做出最夸张的承诺,消费者才会有发现感"[1]。

在 2012 年读客出版中文版《银河帝国》以前,这本在国外卖出了千万册的畅销科幻巨著,在中国市场中一共只销售了几千套。华楠认为,导致这么好的东西在中国卖不起来的原因,是它和中国读者的趣味、喜好以及他们脑中的符号没有关系,而读客要做的就是要建立起这种联系,让中国读者发现这本科幻作品。

随后,印有四个人头的封面横空出世。华楠认为,为了使中国读者发现《银河帝国》,首先封面包装要"奇怪",其次要和中国人现有文化生活的"文化母体"联系起来。中国人不知道阿西莫夫,不知道《银河帝国》,但是中国人知道阿凡达、黑武士、本·拉登、克鲁德曼,其中克鲁德曼是诺贝尔经济学奖获得者,相对知名度小一点。而这四个人都是和本书有关联的,"有记者说,拉登成立基地组织,就是模仿《银河帝国·基地》这本书,因为《银河帝国》里面的基地和拉登成立的基地组织的反抗性质是一样的,他们面临的政治环境也是相似的。第二个是阿凡达,潘多拉星球的出现,引起全世界的哗

---

[1] 让购买者"坐着滑滑梯,滑到收银机"华楠品牌十六咒之"货架思维"(二)[EB/OL].(2016-04-21)[2018-10-31]. https://mp.weixin.qq.com/s/GcRIJvHig-Z2IWvWMlxrhQ.

然，因为潘多拉星球完全是《银河帝国》里面描述的一个星球，星球所有的生物都共享同一个神经网络，当互联网发展到今天的时候，大家才接受这个想象，但是在几十年前阿西莫夫就提出来了这个概念。第三个黑武士就更不用说了，整个星球大战的电影的架构就和《银河帝国》里面的架构是一样的。第四位是克鲁德曼，他在拿到诺贝尔经济学奖的时候，接受采访说选择经济学作为研究方向，是因为受了《银河帝国》的启发，《银河帝国》的核心就是今天的大数据，是通过历史大数据去推演未来世界的发展。

《银河帝国·基地》系列护封

虽然这一封面曾激起众多科幻迷的不满，他们甚至在豆瓣成立小组，命名为"我出五块钱干掉读客"。但是面对反对的声音，华楠心态乐观，表示"别人的攻击不是什么坏事，最糟糕的是无人理会"，他感到科幻迷站出来攻击读客的那段时间，反倒帮助了图书的销售。华楠说："这就是经典的魅力，什么是经典？经典就是经得起指指点点。"实际上，读客的营销的确使《银河帝国》销售成绩甚佳，曾经一个月的销量就超过十万册，推出三年的时间里，销量超过了80万册。

2. 读客花高昂制作费，为《银河帝国》拍摄宣传视频

2012年7月2日上午10时26分，读客图书在官方微博贴上贴出了一条《银河帝国》的创意视频链接（现在视频链接已失效），短时间内在微博平台得到大量网友的疯狂评论和转发，一位名为"苏先生刻小说"的网友在评论中曝出："这条短短30秒的图书宣传视频竟然花费了16万元制作费用，创下了国内图书视频广告的纪录"。

读客图书官方微博宣传创意视频并发起赠书活动

读客图书官方微博宣传《银河帝国》创意视频

华楠称:"我们相信《银河帝国》一定能卖好,如此经典的一部巨著,在中国20多年,却一直没能卖起来,是件非常遗憾的事,我们花这么多钱来拍摄视频,就是希望通过各种各样的方法,让更多的读者能够看到这本书。只要是好书,我们就会尝试各种方法,不惜成本做推广。微博人群主要是白领和大学生,这部分人就是《银河帝国》的目标读者。这个视频的创意就脱胎于封面,把静态的封面拍成动态的视频,我们选择本·拉登、阿凡达、黑武士、诺奖得主克鲁格曼,是因为他们代表着影响力和知名度,通过他们来传播《银河帝国》。营销无定式,只要能向消费者提供乐趣或者购买价值,图书可以采用尽可能多的营销方式。"

据《银河帝国》的编辑许姗姗透露:"拍摄视频事宜半年前就开始准备了,选演员、买道具、化妆、拍摄……每个环节我们都精益求精。《星球大战》黑武士的服装我们专门联系了卢卡斯电影公司,邮购了一套原厂出品的服装,但因为太薄,穿上效果并不好。于是,我们又在国内多方联系厂家定制,光这一套衣服,价格就高达2万元。"在选演员方面,许姗姗介绍说:"阿凡达'纳美人'造型,因为属于外星种族,所以在选演员时,对眼睛、鼻梁、身材方面要求很高,pass过40多个演员。片酬都是按小时支付,从进片场就开始计算。"❶

图书低毛利一直以来都是行业痛点,然而一个在图书行业刚刚稍有建树的年轻公司,就如此勇敢而不惜成本地打造制作精良的图书宣传视频,其背后作为支撑的,一方面是读客团队对于图书行业的情怀,对好书的责任感和使命感;另一方面是读客对市场风向的职业敏感,和对自身眼光与实力的坚定信心。

3. 马斯克致敬经典,读客借势营销

2018年2月7日,人类现役运力最强的火箭——"重型猎鹰"火箭由SpaceX公司发射成功,埃隆·马斯克再次改写了历史,全球瞩目。这次重型猎鹰发射所搭载的是他本人的一辆樱桃红色特斯拉跑车,同时被马斯克送

---

❶ 邢晓英. 微博营销挽救"失落的经典"[J]. 出版参考,2002(12):57-59.

上太空的还有一套微缩版本的阿西莫夫《银河帝国·基地》系列。据悉,马斯克是阿西莫夫《银河帝国》的忠实粉丝。正因为年少时读阿西莫夫的书,为马斯克的太空梦埋下了一粒种子。❶

马斯克将这套书送上太空,表达的是对这套启迪了无数大师的至高经典的一次致敬,此举令无数的科幻迷为之疯狂,出版60多年的《银河帝国》系列又一次点燃全球读者的热情。

2018年的4月6日,读客在微博中发起了"纪念阿西莫夫"的话题活动,蹭了一波马斯克的热度。那天正是科幻作家阿西莫夫逝世的26周年,微文中提及《银河帝国·基地》被马斯克送上火星,并向伟大的作家致敬。转发微博,即有机会获赠《银河帝国:基地七部曲》1套。网友们纷纷转发,在留言中表达对作品的喜爱,并期待幸运机会的降临。

4. 细处着眼,以银河帝国行政区图作内封

2012年7月26日,大V廖信忠在微博中表示对读客出版的《银河帝国·基地》系列的惊叹和赞许:"昨天才知道,读客新版的《基地三部曲》那个内封上的银河各星系地图,竟然是他们编辑看完银河帝国系列15本之后慢慢归纳再画出来的……。"读客也予以回应,表示内封的银河帝国行政区图,绘制过程历时半年,前后调整上百遍。

读客以擅长营销而著称,但是从内封设计的细节能够看到,除了制造噱头,读客是一支具有高品位的设计审美和真实力的专业水平的团队。就包装理念来看,思路清晰,护封的四只巨头和文案的创意成功地吸引了读者的注意,无论是从正面建立起中国读者与外国经典的符号连接,还是从反面激发科幻死忠粉们的悲愤抨击,都有助于打开中国市场,而内封的存在,就像天使脱下笨重外衣后的惊喜,贴近本体的光芒才是自身内涵气质最恰当的代表,图例注释、比例尺、星郡排布完全遵照原著,让人毫不怀疑亿万光年之外的银河帝国,就是这样的结构。读客的编辑研读完15部银河帝国系列,用

---

❶ 网易新闻.《银河帝国》:被马斯克视为能代表地球人的书,送给火星人"学习"(全文)[EB/OL].(2018-2-10)[2018-10-31]. http://news.163.com/18/0210/17/DAA5IEHF00018AOQ_all.html.

半年时间绘制,上百遍地调整打磨的作品,是一件在原著基础上,再创造的艺术品,既是磅礴之美的震撼,也是伴随读者阅读的便利工具,如此投入时间和精力的钻研,也正完美地实践了阿西莫夫在作品中倡导和颂扬的严谨求实的科学精神。

《银河帝国·基地》内封

四、精彩节选阅读

审判并未进行得太久(盖尔认为那就是审判,虽然它与盖尔从书上读到的那些精细的审判过程几乎没有类似之处),如今才进入第三天。不过,盖尔的记忆却已无法回溯审判开始的情形。

盖尔自己只被审问了几句,主要火力都集中在谢顿博士身上。然而,哈里·谢顿始终泰然自若地坐在那里。对盖尔而言,全世界只剩下他是唯一稳定的支点了。

旁听人士并不多,全是从贵族中精挑细选出来的。新闻界与一般民众一律被拒于门外，因此外界几乎不知道谢顿大审已经开始。法庭内气氛凝重，充满对被告的敌意。

公共安全委员会的五位委员坐在高高的长桌后方，他们身穿鲜红与金黄相间的制服，头戴闪亮且紧合的塑质官帽，充分代表他们在法庭上扮演的角色。坐在中央的是主任委员凌吉·陈，盖尔不曾见过这么尊贵的贵族，不禁出神地望着他。整个审判从头到尾，主任委员几乎没有说半句话。多言有失贵族身份，他就是最好的典范。

这时委员会的检察长看了看笔记，准备继续审讯，而谢顿仍端坐在证人席上。

问：我们想知道，谢顿博士，你所主持的这个计划，目前总共有多少人参与？

答：五十位数学家。

问：包括盖尔·多尼克博士吗？

答：多尼克博士是第五十一位。

问：喔，那么总共应该有五十一位。请好好想一想，谢顿博士，也许还有第五十二、五十三位？或者更多？

答：多尼克博士尚未正式加入我的组织，他加入之后，总人数就是五十一。正如我刚才所说，现在只有五十名。

问：有没有可能接近十万人？

答：数学家吗？当然没有。

问：我并未强调数学家，我是问总人数有没有十万？

答：总人数，那您的数目可能正确。

问：可能？我认为千真万确。我认为在你的计划之下，总共有九万八千五百七十二人。

答：我想您是把妇女和小孩都算进去了。

问：（提高音量）我的陈述只说有九万八千五百七十二人，你不用顾左右而言他。

答：我接受这个数字。

问：(看了一下笔记)那么，让我们暂且搁下这个问题，回到原先已讨论到某个程度的那件事。谢顿博士，能否请你再说一遍对川陀未来的看法？

答：我已经说过了，现在我再说一遍，三个世纪之内，川陀将变成一团废墟。

问：你不认为这种说法代表不忠吗？

答：不会的，大人，科学的真理无所谓忠不忠。

问：你确定你的说法代表科学的真理吗？

答：我确定。

问：有什么根据？

答：根据心理史学的数学架构。

问：你能证明这种数学真的成立吗？

答：只能证明给数学家看。

问：(带着微笑)你是说，你的真理太过玄奥，超出普通人的理解能力？我却觉得真理应该足够清楚、不带神秘色彩，而且不难让人了解。

答：对某些人而言，它当然不困难。让我举个例子，研究能量转移的物理学，也就是通称的热力学，人类从神话时代开始，就已经明了其中的真理。然而今天在场诸位，并非人人都能设计一台发动机，即使聪明绝顶也没办法。不知道博学的委员大人们……

此时，一位委员倾身对检察长耳语。他将声音压得很低，却仍然听得出严苛的口气。检察长立刻满脸通红，马上打断谢顿的陈述。

问：谢顿博士，我们不是来听你演讲的，姑且假设你已经讲清楚了。让我告诉你，我认为你预测灾难的真正动机，也许是意图摧毁公众对帝国政府的信心，以遂你个人的目的！

答：没有这种事。

问：我还认为，你意图宣扬在所谓的"川陀毁灭"之前，会有一段充满各种动荡的时期。

答：这倒是没错。

问：单凭这项预测，你就想朝那个方向努力，并为此召集十万大军？

答：首先，我想声明事实并非如此。即使真有那么多人，只要调查一下，就会发现役龄男子还不到一万，而且没有任何一人受过军事训练。

问：你是否替什么组织或个人工作？

答：检察长大人，我绝对没有受雇于任何人。

问：所以你公正无私，只为科学献身？

答：我的确如此。

问：那么，让我们看看你如何献身科学。谢顿博士，请问未来可以改变吗？

答：当然可以。这间法庭也许会在几小时后爆炸，但也可能不会。如果它爆炸了，未来一定会产生些微变化。

问：谢顿博士，你在诡辩。那么，人类整体历史也能改变吗？

答：是的。

问：容易吗？

答：不，极为困难。

问：为什么？

答：光就一颗行星上的人口而言，"心理史学趋势"就有很大的惯性。想要改变这个趋势，就必须用相当于这股惯性的力量来抵消它。这需要很多人的集体力量，倘若人数太少，想要有所改变就得花费很长的时间。您能了解吗？

问：我想我能了解。只要许多人都决定采取行动，川陀就不一定会毁灭。

答：这样说很正确。

问：比如说十万人？

答：不，大人，差太远了。

问：你确定吗？

答：请想想看，川陀的总人口数超过四百亿。请再想想，毁灭的倾向并非川陀所独有，而是遍布整个帝国，而银河帝国包含将近千兆的人口。

问：我懂了。不过十万人仍有可能改变这种倾向，只要他们和子子孙孙不断努力经营三百年。

答：恐怕还是不行，三百年的时间太短了。

问：啊！这么说来，谢顿博士，根据你的陈述，我们只剩下一个合理的推论。你用你的计划召集了十万人，却不足以在三百年内改变川陀未来的历史。换句话说，不论他们做什么，都无法阻止川陀的毁灭。

答：您不幸言中了。

问：话说回来，你那十万人并没有任何不法意图？

答：完全正确。

问：（缓慢而带着满意的口气）既然如此，谢顿博士——现在请注意，全神贯注地听我说，因为我们要一个经过深思熟虑的答案。那十万人到底是用来做什么的？

检察长的声音变得越来越尖锐。他冷不防地布下这个圈套，将谢顿逼到死角，并狡狯地斩断所有的退路。

旁听席上的贵族因此掀起一阵骚动，甚至传染到坐在前排的委员们。除了主任委员不动如山之外，其他四位衣着鲜艳的委员都在忙着交头接耳。

哈里·谢顿却不为所动，静静地等着骚动消退。

答：为了将毁灭所带来的影响减到最小程度。

问：你这句话究竟是什么意思？

答：答案非常简单。川陀将要面临的毁灭，并非人类发展过程中的孤立事件，而是一出大戏的最高潮。这出戏在几世纪前便已开演，今后还会继续加速进行。各位大人，我指的是整个银河帝国的衰亡。

原先的骚动此时变成模糊的咆哮。检察长也立刻吼道："你公然宣传……"然后就打住了，因为旁听席上传来阵阵"叛国"的怒吼，显示这项罪名不必拍板便能定案。

主任委员将法槌缓缓拿起，重重敲下，法庭内便响起一阵柔美的铜锣声。等到回音消逝，旁听席上的聒噪同时停止。检察长做了一次深呼吸……

问：(夸张地)谢顿博士，你可明白，你提到的这个帝国已经屹立一万两千年，历经无数代的起起伏伏，受到千兆子民的祝福和爱戴。

答：我对帝国的现状和历史都很清楚。请恕我直言，但我必须强调，我在这方面的知识要比在座每一位都多得多。

问：可是你却预测它的毁灭？

答：这是数学所做的预测，我并未加入丝毫的道德判断。对于这样的展望，我个人也感到遗憾。即使承认帝国是一种不好的政体——我自己可没这么说——帝国覆亡后的无政府状态会更糟。我的计划所誓言对抗的，正是那个无政府状态。然而各位大人，帝国的覆亡是一件牵连甚广的大事，可没有那么容易对付。它的原因包括官僚的兴起、阶级流动的停滞、进取心的衰退、好奇心的锐减，以及其他上百种因素。正如我刚才所说，它早已悄悄进行了数个世纪，而这种趋势已经病入膏肓、无可救药了。

问：帝国仍如往昔般强盛，这难道不是很明显吗？

答：我们见到的只是表面的强盛，仿佛帝国会延续千秋万世。然而检察长大人，腐朽的树干在被暴风吹成两截之前，看起来也仍旧保有昔日的坚稳。此时此刻，暴风已在帝国的枝干呼啸。我们利用心理史学来倾听，就能听见树枝间的吱嘎声。

问：(心虚地)谢顿博士，我们不是来这里听……

答：(坚定地)帝国注定将连同它所有的成就一起消逝。它累积的知识将会散佚，它建立的秩序也将瓦解。星际战争将永无休止，星际贸易也必然衰退；人口会急剧减少，而各个世界将和银河主体失去联系。如此的情况会一直持续下去。

问：(在一片静寂中小声问)永远吗？

答：心理史学不但可以预测帝国的覆亡，还能描述接踵而来的黑暗时代。各位大人，如同检察长所强调的，帝国已经屹立了一万两千年。其后的黑暗时代将不止十二个千年，它会持续三万年。然后"第二帝国"终将兴起，但在这两个文明之间，将有一千代的人类要受苦受难。我们必须对抗这种厄运。

问：（稍微恢复一点）你自相矛盾。你刚才说无法阻止川陀的毁灭，因此，想必你对所谓的帝国覆亡同样束手无策。

答：我并没有说可以阻止帝国的覆亡，但是现在还来得及将过渡期缩短。各位大人，只要允许我的人立刻行动，便有可能把无政府时期缩短到一个仟年。我们正在历史的临界点上，必须让那些突如其来的重大事件稍加偏折——只要偏一点就好，也不可能改变太多。但这就足以从人类未来的历史中，消除两万九千年的悲惨时代。

问：你准备如何进行？

答：善加保存人类所有的知识。人类知识的总和，不是一个人甚至一千人所能概括的。当我们的社会组织毁败之后，科学也将分裂成上百万的碎片。到时候，每个人学到的都仅仅是极零碎的片断知识，无用又无益。知识的碎片起不了作用，也不可能再传递下去，它们将遗失在世代交替的过程中。但是，假如我们现在着手将所有知识集中起来，它们就永远不会再遗失。未来的世代可以从这些知识出发，不必自己再重新来过。这样，一个仟年就能完成三万年的功业。

问：你说的这些……

答：我的整个计划，我手下的三万人和他们的妻小，都将献身于《银河百科全书》的准备工作。他们一生都无法完成这个庞大的计划，我甚至见不到这个工作正式展开。但是在川陀覆灭前它一定会完成，到时银河各大图书馆都能保有一套。

主任委员举起法槌敲了一下。哈里·谢顿走下证人席，默默走回盖尔身边的座位。

他微笑着说："你对这场戏有什么看法？"

盖尔答道:"您先发制人。但是接下来会怎么样呢?"

"他们会休庭,试着和我达成私下协议。"

"您怎么知道?"

谢顿说:"老实讲,我并不知道。一切决定都操在这位主委手上。我花了几年时间研究这个人,试图分析他的行为和手段。可是你也了解,将个人无常的行径引进'心理史学方程式'有多么不可靠。但我仍然抱着希望。"

——节选自《银河帝国·基地》第一篇　心理史学家　第28~35页

下篇　非虚构类

本版原文系开明书店民国遗本
考以林语堂英译本重新点校

浮生若梦

为欢几何

浮生六记

沈复 著　　　张佳玮 译

天津出版传媒集团
天津人民出版社

畅销书案例分析7

《浮生六记》

曾 明

一、图书基本信息

(一)图书介绍

书名:浮生六记

作者:沈复

译者:张佳玮

开本:32开

定价:32.00元

书号:9787201094014

出版社:天津人民出版社

品牌:果麦文化

出版时间:2015年8月

(二)作者简介

沈复(1763—1832年),字三白,号梅逸,清代杰出的文学家。清乾隆二十八年(1763年)生于姑苏(今江苏苏州)城南沧浪亭畔士族文人之家,十八岁娶舅女陈芸为妻。婚后夫妻俩举案齐眉、相爱甚笃,然命运多舛,常常事与愿违;幸而二人不落世俗,苦中作乐,耳鬓厮磨二十三年,至芸积病身故,仍深情如旧。后,沈复离家漫游,著《浮生六记》六卷,记录过往生活中点滴趣味及漫游经历,因其以真情述真情,从不刻意造作,深为后世所推崇,流传至今,已成经典,被誉为"晚晴小红楼梦"。

(三)译者简介

张佳玮,中国内地作家,1983年生于江苏无锡。以一手古今皆通的文笔独树一帜。因其性情不拘、摒弃俗流,备受读者推崇。2006年开始在虎扑中国初涉篮球评论,凭借其出众的文学天赋及对篮球的深刻理解,迅速成为中国篮坛顶级评论家,在虎扑堪称全民偶像。在知乎上拥有百万级别的粉丝。现在法国巴黎研习艺术鉴赏。代表作有《倾城》《朝丝暮雪》《世界上有趣的事太多》等。

二、畅销盛况

天津人民出版社的《浮生六记》一书自2015年8月份出版以来,已经连续加印32次,销售量累计超过150万册。《2017年中国图书零售市场报告》显示,《浮生六记》位居2017年非虚构类畅销书第四位。京东图书2017年图书畅销榜位居榜首,累计评价超过24万,位居京东图书自营文学畅销榜第一位。在当当网上累计评价超过26万,位居当当文学榜第二位。清人沈复写的自传体散文《浮生六记》篇幅不过四万字,却无法用"有趣""精致""伤感"将其简单概括。俞平伯一生钟爱《浮生六记》,赞其"俨如一块纯美的水晶,只见明莹,不见衬露明莹的颜色;只见精微,不见制作精微的痕迹"。林语堂则视之为知己:"读沈复的书每使我感到这安乐的奥妙,远超乎尘俗之压迫与人身之痛苦。"中国现代文学大师林语堂曾将《浮生六记》翻译成英文介绍到美国,也得到如俞平伯、陈寅恪和钱钟书等名家的赞誉,后又相继出版了日语和德语等版本,在世界范围内得以传播。《浮生六记》用有趣味精致的文字传递生活之美,正吸引着越来越多的读者。

三、畅销攻略

《浮生六记》是沈复的一部自传体作品,系沈复所写的一部回忆录。"浮生"取一生浮荡不定之意,源自李白《春夜宴从弟桃李园序》中"浮生如梦,为欢几何"的感慨。自杨引传于光绪四年(1878年)将其早先在苏州冷摊上发现的《浮生六记》前四记,以管贻葄、近僧、王韬等人为此书所做的诗、序、跋作为附录付印行世,《浮生六记》研究的历史已达百余年之久。[1]在数字阅读对纸质出版业形成强烈冲击的新形势下,一部清朝的自传体散文突然间如此走红,实在非常罕见而且令人诧异,这其中的原因也值得探究和思考。

(一)内容为王是畅销书的天然基因

"内容是出版的核心,传播是出版的价值。"开卷多年的畅销书分析研究得出了这一观点,而众多图书出版人的实践更验证了这一点。《浮生六记》能够畅销的根本原因在于图书反映了人类永恒的主题:执子之手的爱情和温暖治愈的生活之美。

1. 主题的永恒性

对于《浮生六记》来说,畅销的最根本原因在于它的内容反映了人类永恒的主题:执子之手的爱情和温暖治愈的生活之美。这是永恒的,跨越时间的,这一主题是读者产生心灵共鸣的所在。

《浮生六记》以作者夫妇生活为主线,记述了平凡而又充满乐趣的居家生活以及浪游各地的所见所闻。作品描述了作者和妻子陈芸情投意合,想要过一种布衣蔬食、从事艺术的生活,由于封建礼教的压迫、朋友的背叛、家人的隔阂与贫困生活的煎熬,终至理想破灭。沈复深情率真地刻画了一位

---

[1] 黄强.《浮生六记》百年研究述略[J].扬州教育学院学报,2006(02):3-8.

憨而真、惠而美的女性形象——芸娘。她是沈复相濡以沫的结发妻子,也是沈复乃至许多中国男人心目中的红颜知己。不仅林语堂,还有俞平伯、冯其庸、曹聚仁等文人大家都曾为之心仪不已。《浮生六记》有古典的意蕴情韵,有雅致婉约的文字,有林下风致的诗意,有温暖,有悲凉,有执子之手的欢欣、相濡以沫的温情,有无法与子偕老、情深不寿的宿命。❶

《浮生六记》在古代就已经刊印发行,并且有两百余种不同的版本,流传一百余年仍然成为爆款,还跟当下环境、文化心理有关。在中国文化中,对"生活的艺术"的书写和诉求,一直是中国文人的一个文化母题和精神母题。书中对沈复夫妇二人生活艺术的描写,尤令人心生向往:陈芸(芸娘)用小砂囊撮茶叶少许置荷花心中,第二天早上烹天泉水泡茶;二人七夕赏月共论云霞,镌"愿生生世世为夫妇"图章为往来书信之用;二人游沧浪亭、水仙庙,陈芸女扮男装引起误会的戏剧性场景,更是饶有意趣……这正是沈复所期望追求的一种布衣素食而充满艺术性的生活,同时也表现了沈复和芸娘反抗封建礼教的精神。或许正是文中这类"温暖""治愈"的文字内容,触及到了阅读此类图书的读者生命、情感、心灵的痒处。❷现今物欲充斥、信息爆炸,生活被嘈杂和焦虑填满,现代人需要借艺术审美的良药来舒缓浮躁的心灵,寻求与自我的生命、精神和灵魂的联系。就此而言,传统经典文学尤其是像《浮生六记》这样的艺术化、生活化的随笔文体,应该就是这种熨帖人心、抚慰生命的最佳之选,同时也有助于读者生活境界、艺术境界和审美趣味的修习和提高。

同时,在书中坎坷记愁这一节中,沈复面临朋友背叛、亲人去世、家庭中落的悲惨命运,尤其是对芸娘去世时的悲痛描写以及芸娘去世后沈复的相思之苦,令人痛心不已。林语堂曾将芸娘称为是"中国文学上一个最可爱的女人",正是芸娘的可爱与有趣,与芸娘去世时对人生的感慨和对丈夫儿女的依依不舍形成了鲜明的对比,更加令人扼腕惋惜。悲剧是把人生有价值

---

❶ 杜浩.《浮生六记》为何频登畅销书榜[N].齐鲁晚报,2017年8月8日(A11).
❷ 杜浩.《浮生六记》为何频登畅销书榜[N].齐鲁晚报,2017年8月8日(A11).

的东西毁灭给人看,悲,是这本书的深刻性所在,更加打动人心。

2. 叙述方法和角度的新颖独特

《浮生六记》以人物性情或某种生活情感作为表现内容,按照所记事件的情感基调和性质分为四卷(后二卷佚失),分别为闺房之乐、闲情之趣、坎坷之愁、浪游之快。本书打破了传统自传作品以故事情节为中心、以时间为线索的线形叙事结构模式,代之以情感体验为中心、以情理逻辑为线索的抒情结构,更能从各个侧面揭示生活的本质,更具有认识社会人生的深刻性,引人入胜,避免了叙述的平板及单一,更加吸引读者阅读和感受生活的丰富性和多样化。

以第一人称的角度叙事,更能够拉进作者与读者的距离,即使是与作者处于不同的年代,但仍然能感受到作者在文中将故事娓娓道来的感觉。采取单一的第三人称全知叙事视角,叙事者无处不在,无所不知,可以说出任何一个人物都不可能知道的秘密。但是长久以来,这种单一的叙事模式很容易使读者感到厌倦。《浮生六记》完全使用第一人称叙事,贯穿全文,所叙述的内容全部是"余"的亲身经历或内心情感世界。"余"不仅是故事的记录者,更是故事的参与者,写"余"的故事,写"余"的情感,塑造"余"的形象。《浮生六记》尽管写于两百多年前,但是已经非常符合现代意义上的第一人称叙事了[1],这也是为什么一本清代的自传作品仍然保持活力的原因之一。

3. 语言风格的真实朴素

《浮生六记》语言之真诚朴素在中国古典文学中极其罕见,令人感动。中国古典文学著作多为结构紧密、语言生动、蕴意深刻的虚构文学作品,如《红楼梦》《西游记》《三国演义》《水浒传》,少有纪实的散文作品,更没有见过《浮生六记》这样纯粹率真、独抒性灵、不拘格套、富有创造性的写作方式。国学大师陈寅恪曾说:"吾国文学,自来以礼法顾忌之故,不敢多言男女间关系,而于正式男女关系如夫妇者,尤少涉及。盖闺房燕昵之情意,家庭米盐之琐屑,大抵不列于篇章,唯笼统之词,概括言之而已。此后来沈三白《浮生

---

[1] 张晨光. 论《浮生六记》的现代性因素[D]. 内蒙古大学,2007.

六记》之《闺房记乐》,所以为例外创作。"而这一例外创作恰恰符合如今非虚构文学的自然写作之风。沈复在留存下来的"闺房记乐""闲情记趣""坎坷记愁""浪游记快"四个部分中生动记述了和妻子陈芸的闺房之乐,与文友的闲情之趣,人生的坎坷烦愁和游历的无忧快乐。虽然结构上较为松散,篇幅上详略不一,但其中流露出来的夫妻之间、文友之间、父子之间、兄弟之间的感情颇为今天的读者所认可和感动。连鲁迅先生都称赞:"像《浮生六记》中的芸,虽非西施面目,并且前齿微露,我却觉得是中国第一美人。"沈复承袭其父,做的是幕僚。幕僚一职,相当于现在的秘书。沈复通文字,但幸运的是其没有陷在科举成文的窠臼中,语言平实不加雕琢,文法自然不工巧技,一方面,朴实无华的语言风格叙事流畅,极易烘托和塑造人物形象,另一方面,也很容易被读者接受,进而打动人心。

(二)范围较广的目标读者

相比于其他传记类图书,《浮生六记》有更为广泛的读者对象,具体表现在以下几点:第一,这本书主要讲述的是沈复和芸娘的伉俪情深以及充满艺术的生活方式,这完全符合当代年轻人,尤其是女性向往美好生活,不为世俗束缚的心理诉求。第二,《浮生六记》是具有很高艺术价值的古代文学作品,在文字上通俗易懂,读起来不像部分古典文学类作品那样艰难晦涩,在图书类别上也被分为散文或者传记类,因此易于被大众接受。第三,人教版七年级上册中的《童趣》一文选自《浮生六记》"闲情记趣"的篇首,课文讲述了沈复的童年经历——鞭打蛤蟆、观蚊起舞的趣事。在阅读课本时学生只能欣赏到部分精彩内容,因此许多学生和家长还会购买全本,以窥图书全貌。第四,译者张佳玮凭借自己的作品、篮球评论以及知乎平台吸引了数百万级别的粉丝量,通过张佳玮在社交平台上的推荐和宣传,这些粉丝在一定程度上也成了《浮生六记》的潜在目标读者。

(三)精挑细琢的图书点校版本

光绪四年(1878年),杨引传在苏州冷滩上偶得苏州布衣文人沈复《浮生六记》的手稿残本前四记,使其得以付印发行,至今已有一百余年的历史。据统计,目前《浮生六记》共有两百多个版本。最早的版本是1878年上海申报馆出版的《独悟庵丛钞》本。1924年5月出版的北京霜枫社本是俞平伯根据《独悟庵丛钞》本及《雁来红丛报》本校勘标点的,有俞氏《重印浮生六记序》两篇,附《浮生六记年表》,之后有多种版本都是以此本为参照。1932年8月出版的上海开明书店本是根据霜枫社俞平伯校阅本重排的。近几年,又出版了多个版本的《浮生六记》,其中包括2010年4月人民文学出版社、2015年3月中华书局、2015年8月天津人民出版社、2017年4月浙江文艺出版社等出版社出版的《浮生六记》。同时,《浮生六记》还出版了三种英译本,德、法、丹麦、瑞典、日本、马来译本各一种。最早的英译本是1936年林语堂的汉英对照本,后来英国牛津大学出版社在1960年出版《浮生六记》英译本。

资料显示,杨引传刊印的版本问世之后的四十年间,《浮生六记》在文坛中并没有引起很大的影响,甚至很少有相关资料。"五四"新文学运动时期,一大批现代学术的先驱开始重视对《浮生六记》的研究,使它真正走入了学者们的研究殿堂。1924年5月,由俞平伯点校的《浮生六记》作为"霜枫丛书"之一发行,打破了评论沉寂的局面。之后,《天下》英文月刊刊出了林语堂的《汉英对照本序》一文,表达了对《浮生六记》的赞赏与喜爱。林语堂对于该书的介绍和翻译,使《浮生六记》走进了英语世界,后来的许多种外文译本的问世都与林译本有着密切关系,郑逸梅曾说:"林语堂把他的《浮生六记》译成英文,已传诵环宇。"

相较于其他版本,天津人民出版社出版的《浮生六记》选取了开明书店民国遗本(即霜枫社俞平伯点校本),考以林语堂英译本重新点校。这两个版本是两百多个版本中最为经典的版本,通过重新点校,细细打磨,在原文的选择和处理上就更加具有准确性、权威性和科学性,容易得到读者的认可和喜爱,因而成为"经典+畅销"读本。

(四)恰如其分的古典文学翻译方式

精妙的翻译助推了外国文学经典著作在中国的流行,这种现象很常见,但很少听说中国古典文学著作经过翻译走红的例子,《浮生六记》是一个例外。《浮生六记》的翻译者是张佳玮。张佳玮本是"80后"网络文学作家,写过《倾城》《加州女郎》《朝丝暮雪》《再见帕里斯》等长篇小说,2004年被《南方都市报》评为"'80后'实力派五虎将"之一。选择张佳玮翻译这本书有以下几点原因:首先,张佳玮在中学就读期间参加第四届新概念作文比赛并获得二等奖,写过多部长篇小说,以一手古今皆通的文笔独树一帜,这种古风与白话融为一体的文笔,使得天津人民出版社的《浮生六记》比其他版本保留了更多的韵味。其次,请一位年轻人而不是惯常的精通古典文学的学者来翻译两百多年前的古典文学作品,拉近了《浮生六记》与当代的青年人之间的距离。最后,作者沈复是苏州人,所写情状,大多在江南,而张佳玮是无锡人,沈复所写的江南吴地风情样貌大多见闻过,因此在翻译过程中更能保留最原始的苏州地域风貌。张佳玮尊重原文,又通俗流畅的翻译,使这本《浮生六记》不仅受到普通年轻人的欢迎,也受到熟悉了解古典文学专家的肯定。

(五)别具匠心的整体装帧设计

《2016年度国内外图书零售市场报告》显示,2016年中国图书零售市场新书品种数约为21.03万,同比上年增长4.31%。❶从这一组数据中可以看出中国图书新书品种逐步增长,一本书要在茫茫书海中脱颖而出,迅速吸引读者眼球,不仅需要优质内容,还需要在装帧设计上投入大量的精力。本书的装帧设计师是朱镜霖。朱镜霖擅长使用变体文字来表现图书的内容与韵味,其设计简洁而不简单,留空而不空洞,由他设计的图书主要包括《冯唐诗

---

❶新华网.2016年图书零售网店超实体店新书定价连涨三年破70亿元[EB/OL].(2017-01-12)[2018-10-31].http://www.xinhuanet.com/politics/2017-01/12/c_129443786.htm.

百首》《荣格自传：回忆·梦·思考》《西天》《用尽柔情》和《易中天品读中国》系列等。分析本书的整体装帧设计主要从开本、封面设计、内文排版和整体风格四个方面进行分析。

本书开本为32开，采用平装，既显得轻巧雅，又实用、经济、美观，适合篇幅短的图书，携带方便。

封面设计采用了护封与封面相结合的形式。护封使用了略带黄色的压纹特种纸，赋予图书典雅之气。在构图上力求简单大气，封面文案、书名和作者名以及画面中的船形成了三角形构图，令人在视觉上体会到一种稳定之感，在视觉上吸引了读者。同时，小船、流水、微风等元素恰到好处地与文字融为一体，营造出一幅游人泛舟湖上的景象，与《浮生六记》中浪游记快的内容相呼应。封面使用深蓝色卡纸，伴以流水、微风等元素，封面上的文字只有"浮生若梦、为欢几何"八个字，给人一种飘摇肃穆之感。图书正文使用了略带黄色的胶版纸，延续了护封的沉静色调，使读者尚未细读书中内容，就已经笼罩在图书朴素典雅的氛围之中。而图书中附赠的书签采用和封面一样的纸张。图形元素、文字字体、纸张材质、颜色布局既相互独立又交相融合。封面设计服务、依存于书刊内容，对内容起到映衬、补充作用。同时，封面设计又要使用它自身独有的元素和艺术语言，创作出和谐完美的作品。就整体来看，这本书的装帧设计师做到了封面设计从属性和独立性的统一。

从排版上看，全书设置了较大的留空空间，行间距相对较大，读者在阅读时不易产生视觉疲劳。《浮生六记》分为译文和原文两大部分，译文部分使用黑色字体，原文部分使用深蓝色字体，这种排版方式让读者在阅读时能够很便利区分自己阅读的是哪一部分。译文与原文中间以水墨版的《沈复三十年游历图》相隔，既提高了图书的附加价值，让读者了解沈复游玩时的路线图，又调节了读者的阅读节奏。

设计风格简约大方，与本书内容的质朴真实之感相契合。封面上只有作者、译者、书名、出版社名和简单的封面文字，看似内容很少，却在封面的留白之处给人无尽的遐想。如果将封面文字上移，或者再加一个宣传腰封，这本书的设计就缺乏了它的特色,甚至破坏了整本书的意境。

总体而言,本书在开本、封面设计、内文排版和整体风格上都别具匠心,内容与设计,文字与图片,相互映衬与融合,彰显了图书质朴典雅的气质,符合大众的主流审美,为打开市场奠定了良好的基础。

(六)名人的权威书评

在当前数字化潮流的冲击之下,一本新书图书不仅要与品种日益增多的纸质图书竞争,还要面临诸多电子图书的夹击,而邀请名人和媒体撰写书评是帮助图书迅速打开市场、赢得竞争的重要方式。书评是了解一本书的窗口,它的主要作用对象是读者。书评的作用主要有以下几点:第一,信息功能,即为读者选择图书提供参考,这就要求它把图书的基本内容介绍给读者,这在一定程度上对图书起到的宣传作用;第二,中介功能,即让读者在阅读行为实施之前有一个心理准备,使阅读具有针对性,这又要求它点明图书的精要所在;第三,导读功能,即当读者在阅读时,对所读图书提供价值判断的参考,引起读者的阅读兴趣,向读者推荐优秀的图书,从而激发读者的购买动机,产生购买行为。自《浮生六记》出版以来,诸多名人从各个角度对其进行评价。中国著名古典文学研究家俞平伯赞其为:一块纯美的水晶,只见明莹,不见衬露明莹的颜色;只见精微,不见制作精微的痕迹。著名学者、文学家林语堂评价说:"我相信淳朴恬适自甘的生活——如芸所说'布衣菜饭,可乐终身'的生活,是宇宙间美丽的东西。在我翻阅重读这本小册之时,每每不期然而然想到这安乐的问题——读了沈复的书每使我感到这安乐的奥妙,远超乎尘俗之压迫与人身之痛苦。"同时,著名主持人汪涵曾多次在节目中提起这本书,并向观众推荐:"我们要学会用美的眼光,去发现周遭的一切。"这些书评对《浮生六记》的畅销起到了一定的促进和推动作用。

四、精彩阅读

　　余生乾隆癸未冬十一月二十有二日，正值太平盛世，且在衣冠之家，居苏州沧浪亭畔，天之厚我可谓至矣。东坡云："事如春梦了无痕"，苟不记之笔墨，未免有辜彼苍之厚。因思《关雎》冠三百篇之首，被列夫妇于首卷，余以次递及焉。所愧少年失学，稍识之无，不过记其实情实事而已，若必考订其文法，是责明于垢鉴矣。

　　余幼聘金沙于氏，八龄而夭。娶陈氏。陈名芸，字淑珍，舅氏心余先生女也，生而颖慧，学语时，口授《琵琶行》，即能成诵。四龄失怙，母金氏，弟克昌，家徒壁立。芸既长，娴女红，三口仰其十指供给，克昌从师，修脯无缺。一日，于书簏中得《琵琶行》，挨字而认，始识字。刺绣之暇，渐通吟咏，有"秋侵人影瘦，霜染菊花肥"之句。

　　余年一十三，随母归宁，两小无嫌，得见所作，虽叹其才思隽秀，窃恐其福泽不深，然心注不能释，告母曰："若为儿择妇，非淑姊不娶。"母亦爱其柔和，即脱金约指缔姻焉。

　　此乾隆乙未七月十六日也。

　　是中冬，值其堂姊出阁，余又随母往。芸与余同齿而长余十月，自幼姊弟相呼，故仍呼之曰淑姊。时但见满室鲜衣，芸独通体素淡，仅新其鞋而已。见其绣制精巧，询为己作，始知其慧心不仅在笔墨也。

　　其形削肩长项，瘦不露骨，眉弯目秀，顾盼神飞，唯两齿微露；似非佳相。一种缠绵之态，令人之意也消。

　　索观诗稿，有仅一联，或三四句，多未成篇者，询其故，笑曰："无师之作，愿得知己堪师者敲成之耳。"余戏题其签曰"锦囊佳句"。不知夭寿之机此已伏矣。

　　是夜送亲城外，返已漏三下，腹饥索饵，婢妪以枣脯进，余嫌其甜。芸暗牵余袖，随至其室，见藏有暖粥并小菜焉，余欣然举箸。忽闻芸堂兄玉衡呼曰："淑妹速来！"芸急闭门曰："已疲乏，将卧矣。"玉衡挤身而入，见余将吃粥，乃笑睨芸曰："顷我索粥，汝曰'尽矣'，乃藏此专待汝婿耶？"芸大窘避去，上下哗笑之。余亦负气，挈老仆先归。

自吃粥被嘲，再往，芸即避匿，余知其恐贻人笑也。

至乾隆庚子正月二十二日花烛之夕，见瘦怯身材依然如昔，头巾既揭，相视嫣然。

合卺后，并肩夜膳，余暗于案下握其腕，暖尖滑腻，胸中不觉怦怦作跳。让之食，适逢斋期，已数年矣。暗计吃斋之初，正余出痘之期，因笑调曰："今我光鲜无恙，姊可从此开戒否？"芸笑之以目，点之以首。

廿四日为余姊于归，廿三国忌不能作乐，故廿二之夜即为余婉欸嫁。芸出堂陪宴，余在洞房与伴娘对酌，拇战辄北，大醉而卧，醒则芸正晓妆未竟也。

是日亲朋络绎，上灯后始作乐。

廿四子正，余作新舅送嫁，丑末归来，业已灯残人静，悄然入室，伴妪盹于床下，芸卸妆尚未卧，高烧银烛，低垂粉颈，不知观何书而出神若此，因抚其肩曰："姊连日辛苦，何犹孜孜不倦耶？"芸忙回首起立曰："顷正欲卧，开橱得此书，不觉阅之忘倦。《西厢》之名闻之熟矣，今始得见，莫不愧才子之名，但未免形容尖薄耳。"余笑曰："唯其才子，笔墨方能尖薄。"

伴妪在旁促卧，令其闭门先去。遂与比肩调笑，恍同密友重逢。戏探其怀，亦怦怦作跳，因俯其耳曰："姊何心春乃尔耶？"芸回眸微笑。便觉一缕情丝摇人魂魄，拥之入帐，不知东方之既白。

——节选自《浮生六记》闺房乐事　第130~132页

余忆童稚时，能张目对日，明察秋毫，见藐小之物必细察其纹理，故时有物外之趣。

夏蚊成雷，私拟作群鹤舞于空中，心之所向，则或千或百，果然鹤也；昂首观之，项为之强。又留蚊于素帐中，徐喷以烟，使之冲烟而飞鸣，作青云白鹤观，果如鹤唳云端，为之怡然称快。

余常于土墙凹凸处，花台小草丛杂处，蹲其身，使与台齐；定神细视，以丛草为林，以虫蚁为兽，以土砾凸者为丘，凹者为壑，神游其中，怡然自得。

一日，见二虫斗草间，观之，兴正浓，忽有庞然大物，拔山倒树而来，盖一癞虾蟆，舌一吐而二虫尽为所吞。余年幼，方出神，不觉呀然一惊。神定，捉虾蟆，鞭数十，驱之别院。

——节选自《浮生六记》闲情记趣　第150页

雇骡急返，芸正形容惨变，咻咻涕泣。见余归，卒然曰："君知昨午阿双卷逃乎？倩人大索，今犹不得。失物小事，人系伊母临行再三交托，今若逃归，中有大江之阻，已觉堪虞，倘其父母匿子图诈，将奈之何？且有何颜见我盟姊？"余曰："请勿急，卿虑过深矣。匿子图诈，诈其富有也，我夫妇两肩担一口耳，况携来半载，授衣分食，从未稍加扑责，邻里咸知。此实小奴丧良，乘危窃逃。华家盟姊赠以匪人，彼无颜见卿，卿何反谓无颜见彼耶？今当一面呈县立案，以杜后患可也。"芸闻余言，意似稍释。然自此梦中呓语，时呼"阿双逃矣"，或呼"憨何负我"，病势日以增矣。

余欲延医诊治，芸阻曰："妾病始因弟亡母丧，悲痛过甚，继为情感，后由忿激，而平素又多过虑，满望努力做一好媳妇，而不能得，以至头眩、怔忡诸症毕备，所谓病入膏肓，良医束手，请勿为无益之费。忆妾唱随二十三中，蒙君错爱，百凡体恤，不以顽劣见弃，知己如君，得婿如此，妾已此生无憾！若布衣暖，菜饭饱，一室雍雍，优游泉石，如沧浪亭、萧爽楼之处境，真成烟火神仙矣。神仙几世才能修到，我辈何人，敢望神仙耶？强而求之，致干造物之忌，即有情魔之扰。总因君太多情，妾生薄命耳！"因又呜咽而言曰："人生百年，终归一死。今中道相离，忽焉长别，不能终奉箕帚、目睹逢森娶妇，此心实觉耿耿。"言已，泪落如豆。余勉强慰之曰："卿病八年，恹恹欲绝者屡矣，今何忽作断肠语耶？"芸曰："连日梦我父母放舟来接，闭目即飘然上下，如行云雾中，殆魂离而躯壳存乎？"余曰："此神不守舍，服以补剂，静心调养，自能安痊。"芸又唏嘘曰："妾若稍有生机一线，断不敢惊君听闻。今冥路已近，苟再不言,言无日矣。君之不得亲心,流离颠沛,皆由妾故,妾死则亲心自可挽回,君亦可免牵挂。堂上春秋高矣,妾死,君宜早归。如无力携妾骸骨归,不妨暂居于此,待君将来可耳。愿君另续德容兼备者,以奉双亲,抚我遗子,妾亦瞑目矣。"言至此,痛肠欲裂,不觉惨然大恸。余曰:"卿果中道相舍,断无再续之理,况'曾经沧海难为水,除却巫山不是云'耳。"芸乃执余手而更欲有言,仅断续叠言"来世"二字,忽发喘口噤,两目瞪视,千呼万唤已不能言。痛泪两行,涔涔流溢。既而喘沥微,泪渐干,一灵缥缈,竟尔长逝!时嘉庆癸亥三月三十日也。当是时,孤灯一盏,举目无亲,两手空拳,寸心欲碎。绵绵此恨,曷其有极!

——节选自《浮生六记》坎坷记愁　第171页

余游幕三十年来,天下所未到者,蜀中、黔中与滇南耳。惜乎轮蹄征逐,处处随人,山水怡情,云烟过眼,不道领略其大概,不能探僻寻幽也。余凡事喜独出己见,不屑随人是非,即论诗品画,莫不存人珍我弃、人弃我取之意,故名胜所在,贵乎心得,有名胜而不觉其佳者,有非名胜而自以为妙者,聊以平生历历者记之。

余年十五时,吾父稼夫公馆于山阴赵明府幕中。有赵省斋先生名传者,杭之宿儒也,赵明府延教其子,吾父命余亦拜投门下。暇日出游,得至吼山,离城约十余里。不通陆路。近山见一石洞,上有片石横裂欲堕,即从其下荡舟入。豁然空其中,四面皆峭壁,俗名之曰"水园"。临流建石阁五椽,对面石壁有"观鱼跃"三字,水深不测,相传有巨鳞潜伏,余投饵试之,仅见不盈尺者出而唼食焉。阁后有道通旱园,拳石乱矗,有横阔如掌者,有柱石平其顶而上加大石者,凿痕犹在,一无可取。游览既毕,宴于水阁,命从者放爆竹,轰然一响,万山齐应,如闻霹雳声。此幼时快游之始。惜乎兰亭、禹陵未能一到,至今以为憾。

至山阴之明年,先生以亲老不远游,设帐于家,余遂从至杭,西湖之胜因得畅游。结构之妙,予以龙井为最,小有天园次之。石取天竺之飞来峰,城隍山之瑞石古洞。水取玉泉，以水清多鱼，有活泼趣也。大约至不堪者，葛岭之玛瑙寺。其余湖心亭，六一泉诸景，各有妙处，不能尽述，然皆不脱脂粉气，反不如小静室之幽僻，雅近天然。

苏小墓在西泠桥侧。土人指示，初仅半丘黄土而已，乾隆庚子圣驾南巡，曾一询及，甲辰春复举南巡盛典，则苏小墓已石筑其坟，作八角形，上立一碑，大书曰："钱塘苏小小之墓"。从此吊古骚人不须徘徊探访矣。余思古来烈魄忠魂埋没不传者，固不可胜数，即传而不久者亦不为少，小小一名妓耳，自南齐至今。尽人而知之，此殆灵气所钟，为湖山点缀耶？

桥北数武有崇文书院，余曾与同学赵缉之投考其中。时值长夏，起极早，出钱塘门，过昭庆寺，上断桥，坐石阑上。旭日将升，朝霞映于柳外，尽态极妍；白莲香里，清风徐来，令人心骨皆清。步至书院，题犹未出也。午后交卷。

偕缉之纳凉于紫云洞，大可容数十人，石窍上透日光。有入设短几矮凳，卖酒于此。解衣小酌，尝鹿脯甚妙，佐以鲜菱雪藕，微酣出洞。缉之曰："上有朝阳台，颇高旷，盍往一游？"余亦兴发，奋勇登其巅，觉西湖如镜，杭城如丸，钱塘江如带，极目可数百里。此生平第一大观也。坐良久，阳乌将落，相携下山，南屏晚钟动矣。韬光、云栖路远未到，其红门局之梅花，姑姑庙之铁树，不过尔尔。紫阳洞予以为必可观，而访寻得之，洞口仅容一指，涓涓流水而已，相传中有洞天，恨不能抉门而入。

——节选自《浮生六记》浪游记快　第180页

傅雷 朱梅馥 傅聪 著
傅敏 编 ▲译林出版社

傅雷家书

畅销书案例分析 8

《傅雷家书》

孙 乐

一、图书基本信息

（一）图书介绍

书名：傅雷家书

作者：傅雷、朱梅馥、傅聪

编者：傅敏

开本：16 开

定价：35.00 元

书号：9787544763981

出版社：译林出版社

出版时间：2016 年 5 月

（二）作者简介

傅雷，字怒安，号怒庵，1908 年生于原江苏省南汇区下沙乡（今上海市浦东新区航头镇），我国著名的翻译家、作家、教育家、美术评论家，中国民主促进会的重要缔造者之一。早年留学法国巴黎大学。他翻译过大量法文作品,其中包括巴尔扎克、罗曼·罗兰、伏尔泰、巴尔扎克等名家的著作,尤以《高老头》《约翰·克里斯多夫》等译作最为著名,计三十四部,约五百万言,全部收录于《傅雷译文集》。一百余万言的文学、美术、音乐等著述收录于《傅雷文集》。傅雷先生为人坦荡,禀性刚毅。1966年9月3日凌晨离世。

朱梅馥,生于1913年2月20日,上海南汇区城。1932年,她与著名翻译家傅雷在上海结婚。婚后育有三子,长子夭折,次子傅聪生于1934年,留居英国,钢琴家;三子傅敏生于1937年,教育家,编辑有《傅雷家书》传世。1966年9月2日离世。

傅聪,世界著名钢琴演奏家,1934年生于上海一个充满艺术氛围和学术氛围的家庭。傅聪童年时代陆陆续续上过几年小学,主要是由父亲在家督教。八岁半师从李蕙芳,开始学钢琴,九岁师从李斯特再传弟子百器。1954年赴波兰留学,师从著名钢琴家杰维茨基教授。1955年3月获"第五届肖邦国际钢琴比赛"第三名和《玛祖卡》演奏最优奖。1958年年底以优异成绩提前毕业于华沙国立音乐学院。1959年起为了艺术背井离乡,移居英国伦敦,此后浪迹五大洲,只身驰骋于国际音乐舞台,获得"钢琴诗人"之美名。

(三)编者简介

傅敏,1937年出生于河南林州。傅敏初中毕业后要求报考上海音乐学院附中,而傅雷则坚决不同意。当他的音乐之梦破灭以后,他决定做一个像父亲那样的文学翻译家。组织上格外看重他,保送他到北京外交学院。1959年秋天,北京外交学院忽然把傅敏作为"代培生",调入北京外国语学院,插入英语系三年级学习。外交家之梦,从此彻底破灭了。1962年进入北京女一中任英语老师,在英语教学上渐有名气。1981年编辑出版畅销书《傅雷家书》。

二、畅销盛况

《傅雷家书》(下文简称《家书》)自1981年8月初版面世起即开始畅销,至今已三十七年,多家出版社出版不同版本十余种,正版印刷量超过430万册[1]。

《家书》曾荣获全国首届优秀青年读物一等奖,还被列为大型丛书《百年百种优秀中国文学图书》之一。

《家书》被收录进中学语文教材:人民教育出版社九年级上册语文名著导读第二篇"傅雷家书:苦心孤诣的教子篇"、人民教育出版社九年级上册语文 第二单元第7课《傅雷家书两则》收录"1954年10月2日""1955年1月26日"2则、山东教育出版社八年级下册语文第二单元第9课《傅雷家书两则》收录"1954年10月2日""1955年1月26日"2则。

译林版《家书》在豆瓣读书的评分高达9.1分(358人评价),其他版本的《傅雷家书》的评分大部分在8.5分至8.8分之间,读者们都对这本书给予了很高的评价。译林版《家书》在当当网上的图书分类为"中小学教辅",销售排名第9位,获得110746条评论;在亚马逊文学——书信日记类图书销售排名第1位;在京东的文学销量榜排名第476位。良好的口碑促进了《家书》的长销。

三、畅销攻略

(一)译林版《傅雷家书》精选本的独特性

《家书》属于著作权法意义上的汇编作品,其汇编著作权人为傅敏。即使2017年傅雷著作权进入公版,其他任何家书选本都没有权利收录这些内

---

[1] 网易新闻. 傅雷身教重于言教[EB/OL]. (2017-03-15). http://news.163.com/17/0315/04/CFHRKLVL00018AOP.html.

容,而真正完整、丰富、权威的《家书》,只能在译林出版社找到正版。基于家书的完整著作权的独占性,本版《家书》情节完整,背景清晰,人物鲜明,好看感人。

《译林版》家书独特性之一在于收录了傅聪的回信与傅雷家人的照片。"家书"本是傅聪和父母相隔万里的情感交流,如果少了傅聪的呼应,《家书》便成了独白,而许多内容都变得无从理解。有了傅聪回信,《家书》变得更完整、更好读、更有趣。年逾古稀后,傅聪终于同意将自己的信收录进《家书》。2016年译林出版社从傅雷家人手中获得授权,重新出版了《家书》,收录了21通傅聪家信,对照相应父母家信,则语境更完整、内容更连贯,针对性更强。此外,在全编本的基础上,精选出的父亲信134通,母亲信39通,加之父母遗书,共计174通,依照写信日期,编排成家书精选本。在这版《家书》中,傅聪的回信与傅雷的家书紧密关联,原来"独语"的傅雷得到了傅聪的回音,构成了"父子对话"的关系。

独特性之二在于独家的英法文家书中文版。傅聪和大音乐家梅纽因的女儿弥拉结婚后,傅雷家书每次都写两封,一封中文给傅聪,一封英文或法文给弥拉。这些信是结合生活来谈生活的,是傅雷人生智慧的生动表述。这些英法文家书在编入《家书》时,请金圣华教授译成了典雅流畅的中文。

独特性之三在于增加楼适夷序言和金圣华译注。作家楼适夷是傅雷最好的朋友之一。《家书》第一版推出时,三联书店请他作了一篇序言,名为《读家书,想傅雷》,交代家书的背景,回忆傅家的往事,解读傅雷的思想世界。金圣华译注。金圣华女士是著名翻译家,香港中文大学翻译系教授,也是傅雷先生生前好友。傅雷家书中为表达一些微妙的意思,经常不得不使用英法文词语。为方便读者阅读,金圣华教授将这些外文词翻译成中文,以括号形式标注在原文后面,译文灵活而贴切。同时,在有必要加注释帮助理解的地方,她都精心加了脚注。

(二)傅氏父子的名人效应

傅雷是我国著名的翻译家、作家、教育家、美术评论家,一生译著丰富,译文以传神为特色,更兼行文流畅,用字丰富,工于色彩变化,形成享誉译坛的傅译特色;而傅聪也是世界著名钢琴演奏家,二人都具备一定的知名度。

2017年,傅雷著作进入公版领域,掀起一波"傅雷译作热",傅雷再一次出现在读者视野。2016年,译林出版社从傅雷家人手中获得独家授权,拥有《傅雷家书》完整出版权。此次出版的家书也是傅雷家人追求家书出版的完整性和权威性,以区别于傅雷作品进入公版后他人选编的各种家书版本。

(三)傅敏的不断修订使《傅雷家书》历久弥新

《家书》自1981年初版至今已出现十余种版本,其中,比较有代表性的有三联出版社、辽宁教育出版社、天津社会科学院出版社等出版的《家书》。每一个版本的侧重点不同,都是为了适应当下读者的阅读偏好,给读者们带来不同的阅读理解与感受。

三联出版社的初版本《家书》收录书信118通,其中包含一封傅雷夫人给傅聪的信。这118通信选自傅聪当时所保存的125通中文信和傅雷给傅敏的2通书信中。而在增补本第二版中,收录书信178通,其中包含傅雷夫人信16通,英文信1通,还有傅雷给傅敏的书信2通。

辽教插图增订版收录家信200通,其中傅雷信161通,其中包含傅雷给傅敏信3通,傅雷夫人信39通。中文信分别为傅雷的138通和傅雷夫人的38通,其余为英法文信。此版为《家书》众多版本中,收录家书数量最多、内容最全的版本。新增家信36通:父亲信11通,母亲信25通。补充内容的信69通:父亲信59通,母亲信10通。并以残存的6通哥哥家信为前言,楼适夷先生文章为代跋。

2012年天津社会科学院出版社版是傅敏借傅雷100周年诞辰之际对《家书》重新进行的编选。该版本编选了傅雷夫妇给儿子的书信184通,其中傅雷书信143通,傅雷夫人书信41通。此版本删掉了很多傅雷信中提到的现实政治的段落和与儿子闲聊家常的段落,类似的关于政治内容的段落被删去很多,而主要集中在"反右"前后的信件中。关于家常的书信和很多涉及琐事的段落,在2012年版中也都被删去了。❶

本版是在《傅雷家书》全编本的基础上,精选出的书信,以傅聪游学打拼经历和恋爱婚恋之路为经纬度。它的最大特点是,把傅雷作为父亲的那种高大上、严苛,转为更亲切、家常的父亲形象。在编辑过程中,傅敏忍痛割爱,将过去版本中傅雷关于文化艺术的长篇独白删除了,尽量选取日常生活中的内容,展示其"真诚待人、认真做事"的生活原则。本版《家书》更加贴近普通家庭,它告诉读者,傅雷夫妇是很平凡的夫妇,也是很伟大的父母。

(四)《傅雷家书》内容值得经久流传

辑印在这本集子里的,不是普通的家书。傅雷在给傅聪的信里这样说:"长篇累牍的给你写信,不是空唠叨,不是莫名其妙的gossip(说长道短),而是有好几种作用的。第一,我的确把你当作一个讨论艺术,讨论音乐的对手;第二,极想激出你一些青年人的感想,让我做父亲的得些新鲜养料,同时也可以间接传布给别的青年;第三,借通信训练你的——不但是文笔,而尤其是你的思想;第四,我想时时刻刻,随处给你敲个警钟,做面'忠实的镜子',不论在做人方面,在生活细节方面,在艺术修养方面,在演奏姿态方面。"贯穿全部家书的情意,是要儿子知道国家的荣辱,艺术的尊严,能够用严肃的态度对待一切,做一个"德艺具备、人格卓越的艺术家"。❷

1. 父爱如山,望子成龙

编者傅敏看来,《家书》之所以能长盛不衰30多年,一直成为畅销书,原因在于其真情实感和强烈的思想性。即便在今天,《家书》依然有很强的现实意义。他曾在采访中说:"在书中,你能看到一个中国传统家长对孩子爱得多么炽烈和真挚。"

---

❶ 李祎.《傅雷家书》版本变迁及其价值研究[J].焦作师范高等专科学校学报,2014(06):31-34.
❷ 傅雷,朱梅馥,傅聪.傅雷家书[M].南京:译林出版社,2016:96.

父爱与母爱在表达上是存在巨大差异的。弗洛姆在《爱的艺术》中曾说，母爱是无条件的，而父爱是要去"争取"的。这其实就是"严父慈母"的理论依据。孩子在母体内孕育，这一现实使母亲天然地将孩子当作自身生命的分化，母亲"爱孩子"，实际上就是"爱自己"，因此母爱更显宽容。但父爱不同，由于缺少体内孕育和分娩的过程，父亲"爱孩子"更像是"爱别人"，通常他会对孩子提出更高的要求，而这种要求往往包含着改造天性的成分，因此父爱就容易表现为"达成某个期待后的情感馈赠"。傅雷对于傅聪的这种情感在《家书》中体现得淋漓尽致，这也是读者感兴趣的。

《家书》的首封书信写于一九五四年一月十八日晚，即傅聪离家赴京的第二天，傅雷在信中写道："孩子，我虐待了你，我永远对不起你，我永远补赎不了这种罪过！"家书就是从这里开始，对傅敏的忏悔开始。充满着悔恨，这不是傅雷育子成功的激动，而是对自己身为父亲多年来过度严厉管教的悔恨与愧疚。

与此同时，傅雷开始在信中与儿子傅聪有了更多平等而真诚的交流沟通。傅雷对傅聪不再是严苛的训诫，而时转变为细微到极致的关怀，想要把自己对音乐、艺术、文化的理解全部讲给傅聪。从思想到心情，从学习到工作，从恋爱到理财，从起居到业余爱好，从穿着到待人接物，一一过问指点，同时傅雷还就音乐、文学、东西方文化等与儿子进行了深入的探讨与交流，深情、博雅而又关怀之至，可以说这是傅雷迫切希望傅聪能够成功成才的心理，但也可以说这是精神上的"捆绑"。

2. 传统而现代的教育理念

《家书》之所以问世以来畅销不衰，之所以深受广大读者的喜爱，不仅仅是对它严格的传统式教育的认可，也是对它科学的现代教育的欣赏。傅雷对傅聪的传统教育非常扎实，多次在家信中强调民族观念，教导傅聪学习中华传统文化遗产，热爱祖国文化。这种教育并不是一味地说教，他的教育不是口号式的，而是通过自己的切实行动，潜移默化地影响儿子们。

傅雷在与儿子们的通信中，始终保持的是一种平等谈话的态度，这种爱不是盲目的,而是一种对话式的互动性的关系,从平等对话开始从而提升父子之间的对等性,并且共同探讨人生和艺术,充分体现了共同探究、休戚与共的精神,相互理解,共历生命成长。在如何对待恋爱和婚后生活方面,父子俩均能将心比心,坦诚相见,即便意见不合,父子俩也能心平气和,畅所欲言。也正因为如此,傅聪顺利地渡过了恋爱过程并在婚后坚定地承担起了家庭责任。

在《家书》中,很重要的一点,尤其是在傅雷向儿子傅敏的教导中,傅雷一般不给儿子直接答案,而是采取启发儿子去体验和讨论日常生活中一些问题的方式,从而培养儿子们的独立人格的存在,不像一般家长向孩子介绍经验时回忆的做法,只是向孩子口述经验,而孩子只是被动灌输,甚至未接触实际问题,傅雷的这种启发式教育是一种直面困难的体验式经验传授,可以使孩子直接接触困难、启迪智慧。并且,傅雷为了培育儿子们的独立人格,还将存在问题的讨论与孩子们的经验自我反思结合在一起,形成了有机的互动,在此互动中,多次提问孩子,使孩子自动形成一种自我体验式的人生观和人生态度。

3. 为人、为学、为生之道

傅雷的"三道"教育能够引起读者强烈的共鸣和深入的思考。《家书》中体现了亲情之爱、感恩之爱、赤子之爱、博大之爱,这实际上是通过教育引导人生境界不断提升的过程。在傅雷的人格教育中,特别注重人格独立的培养,傅雷始终强调人性要向独立、自由的方向发展,必须对思想独立有一个彻底的认识。

傅雷在与儿子讨论音乐、艺术、人生时,在知识面前,在经验面前,他不是旁观者,而是实践者,父亲与儿子是一个休戚与共、血脉相连的生命体,在生活上共同体验人生,在艺术上共同动手实践创新音乐,如此自然而然地谈他的看法来开导傅聪,达到了润物细无声的效果。

为生之道的核心是心理的健康。傅雷再三告诫其子要正视现实,正视错误,人生道路上肯定充满曲折和坎坷。"人一辈子都在高潮低潮中浮沉,唯有庸碌的人,生活才如死水一般;或者要有极高的修养,方能廓然无累,真正的解脱。只要高潮不过分使你紧张,低潮不过分使你颓废,就好了。太阳太强烈,会把五谷晒焦;雨水太猛,也会淹死庄稼。"[1]傅雷告诫其子应该看到挫折的两重性,不应只见其消极面,而应以乐观的态度对待生活中的挫折,保持适中的自我期望水平和培养积极乐观的人生观。

(五)厚重的装帧设计

书籍的装帧设计作为彰显书籍内容的物质载体,其外在的形式构成,已经成为现代图书构成的一部分。除了要具有醒目别致的封面设计以及吸引消费者眼球的编排以外,还要注重对书籍内涵的表达,以满足读者的多元化消费心理诉求。本版《家书》的装帧设计整体上大气简约,封面色调采用牛皮纸的颜色,符合读者对书信的认知,同时具有历史沉淀感和文化底蕴,底纹采用书信的手写版叠印效果,信上盖上了1954年1月18日的邮戳,即第一封信的时间,看上去仿佛是一封信。书脊印有傅雷的印章。内文版式设计上,页眉显示了书信的年份,版心靠近切口一侧,避免了由于图书厚度导致的阅读体验不佳等问题。插图的位置设置恰到好处,与书信内容相适应,并配有照片的拍摄人物及背景。白色腰封上明确标识出"精选本独有傅聪家信和英法文信版权,独家收录傅雷家人照片"等内容,能够直接得到读者的关注。

四、精彩节选阅读

一九五四年一月三十日晚

你走后第二天,就想写信,怕你嫌烦,也就罢了。可是没一天不想着你,每天清早六七点就醒,翻来覆去睡不着,也说不出为什么。好像克利斯朵夫的母亲独自守在家里,想起孩子童年一幕幕的形象一样;我和你妈妈老是想

---

[1] 傅雷,朱梅馥,傅聪.傅雷家书[M].南京:译林出版社,2016:56.

着你二三岁到六七岁间的小故事——这一类的话我们不知有多少可以和你说,可是不敢说,你这个年纪是一切向前的,不愿意回顾的;我们啰里啰嗦的抖出你尿布时代与一把鼻涕一把眼泪时代的往事,会引起你的憎厌。孩子,这些我都很懂得,妈妈也懂得。只是你的一切终身会印在我们脑海中,随时随地会浮起来,像一幅幅的小品图画,使我们又快乐又惆怅。

真的,你这次在家一个半月,是我们一生最愉快的时期;这幸福不知应当向谁感谢,即使我没宗教信仰,至此也不由得要谢谢上帝了!我高兴的是我又多了一个朋友;儿子变了朋友,世界上有什么事可以和这种幸福相比的!尽管将来你我之间离多别少,但我精神上至少是温暖的,不孤独的。我相信我一定会做到不太落伍,不太冬烘,不至于惹你厌烦。也希望你不要以为我在高峰的顶尖上所想的,所见到的,比你们的不真实。年纪大的人终是往更远的前途看,许多事你们一时觉得我看得不对,日子久了,现实却给你证明我并没大错。

孩子,我从你身上得到的教训,恐怕不比你从我得到的少。尤其是近三年来,你不知使我对人生多增了几许深刻的体验,我从与你相处的过程中学到了忍耐,学到了说话的技巧,学到了把感情升华!

你走后第二天,妈妈哭了,眼睛肿了两天:这叫做悲喜交集的眼泪。我们可以不用怕羞的这样告诉你,也可以不担心你憎厌而这样告诉你。人毕竟是感情的动物,偶然流露也不是可耻的事。何况母亲的眼泪永远是圣洁的,慈爱的!

——节选自《傅雷家书》 第25~29页

一九五四年八月十一日午前

八月一日的信收到了,今天是十一日,就是说一共只有十天工夫。

你的生活我想象得出,好比一九二九年我在瑞士。但你更幸运,有良师益友为伴,有你的音乐做你崇拜的对象。我二十一岁在瑞士正患着青春期的、浪漫底克的忧郁病:悲观、厌世、彷徨、烦闷、无聊;我在《贝多芬传》译序中说的就是指那个时期。孩子,你比我成熟多了,所有青春期的苦闷,都提前几年,早在国内度过;所以你现在更能够定下心神,发愤为学;不至于像我当年蹉跎岁月,到如今后悔无及。

你的弹琴成绩,叫我们非常高兴。对自己父母,不用怕"自吹自捧"的嫌疑,只要同时分析一下弱点,把别人没说出而自己感觉到的短处也一起告诉我们。把人家的赞美报告我们,是你对我们最大的安慰;但同时必须深深的检讨自己的缺陷。这样,你写的信就不会显得过火;而且这种自我批判的功夫也好比一面镜子,对你有很大帮助。把自己的思想写下来(不管在信中或是用别的方式),比着光在脑中空想是大不同的。写下来需要正确精密的思想,所以写在纸上的自我检讨,格外深刻,对自己也印象深刻。你觉得我这段话对不对?

我对你这次来信还有一个很深的感想,便是你的感觉性极强、极快。这是你的特长,也是你的缺点。你去年一到波兰,弹 Chopin［萧邦］的 style［风格］立刻变了;回国后却保持不住;这一回一到波兰又变了。这证明你的感受力极快。但是天下事有利必有弊,有长必有短,往往感受快的,不能沉浸得深,不能保持得久。去年时期短促,固然不足为定论。但你至少得承认,你的不容易"牢固执著"是事实。我现在特别提醒你,希望你时时警惕,对于你新感受的东西不要让它浮在感受的表面;而要仔细分析,究竟新感受的东西和你原来的观念、情绪、表达方式有何不同。这是需要冷静而强有力的智力,才能分析清楚的。希望你常常用这个步骤来"巩固"你很快得来的新东西(不管是技术是表达)。长此做去,不但你的演奏风格可以趋于稳定、成熟(当然所谓稳定不是刻板化、公式化);而且你一般的智力也可大大提高,受到锻炼。孩子,记住这些!深深的记住!还要实地做去!这些话我相信只有我能告诉你。

还要补充几句:弹琴不能徒恃 sensation［感觉］,sensibility［情感］。那些心理作用太容易变。从这两方面得来的,必要经过理性的整理、归纳,才能深深的化入自己的心灵,成为你个性的一部分,人格的一部分。当然,你在波兰几年住下来,熏陶的结果,多少也(自然而然的)会把握住精华。但倘若你事前有了思想准备,特别在智力方面多下功夫,那么你将来的收获一定更大更丰富,基础也更稳固。再说得明白些:艺术家天生敏感,换一个地方,换一批群众,换一种精神气氛,不知不觉会改变自己的气质与表达方式。但主要的是你心灵中最优秀最特出的部分,从人家那儿学来的精华,都要紧紧抓住,深深的种在自己性格里,无论何时何地这一部分始终不变。这样你才能把独有的特点培养得厚实。

关于这个问题,我想你听了必有所感。不妨跟我多谈谈。

其次,我不得不再提醒你一句:尽量控制你的感情,把它移到艺术中去。你周围美好的天使太多了,我怕你又要把持不住。你别忘了,你自誓要做几年清教徒的,在男女之爱方面要过几年僧侣生活,禁欲生活的!这一点千万要提醒自己!时时刻刻提防自己!一切都要醒悟得早,收篷收得早;不要让自己的热情升高之后再去压制,那时痛苦更多,而且收效也少。亲爱的孩子,无论如何你要在这方面听从我的忠告!爸爸妈妈最不放心的不过是这些。

罗忠镕和李凌都有回信来,你的行李因大水为灾,货车停开,故耽误了。你不必再去信向他们提。我认为你也应该写信给李凌,报告一些情形,当然口气要缓和。人家说你好的时候,你不妨先写上"承蒙他们谬许""承他们夸奖"一类的套语。李是团体的负责人,你每隔一个月或一个半月都应该写信;信末还应该附一笔,"请代向周团长致敬"。这是你的责任,切不能马虎。信不妨写得简略,但要多报告一些事实。切不可二三月不写信给李凌——你不能忘了团体对你的好意与帮助,要表示你不忘记,除了不时写信没有第二个办法。

你记住一句话:青年人最容易给人一个"忘恩负义"的印象。其实他是眼睛望着前面,饥渴一般的忙着吸收新东西,并不一定是"忘恩负义";但懂得这心理的人很少;你千万不要让人误会。

——节选自《傅雷家书》 第44~46页

一九五八年一月八日聪信

亲爱的爸爸妈妈：

整整两个月没给你们写信了。心里其实常常挂念着，可是提不起笔来。我知道你们的心情也不好，我不愿再给你们添增烦恼。我心里一直没有能完全平静下来，究竟是为什么我自己也说不清，有的时候有一种万事皆空的感觉，沉重得很。最近有一个时期心情又特别坏，工作也不上劲，所以我就写不出信来。这几天安心了些，又开始好好上劲工作了。前天收到妈妈来的两封信，我心里更难过，我也说不出什么话来我能说什么呢？

回波兰以后开了两次音乐会，一次在克拉可夫，一次在洛兹。克拉可夫弹的韩德尔以及奥涅格的《钢琴协奏曲》；洛兹弹的独奏会，节目是舒伯特和普罗科菲耶夫，寄上节目单。音乐会的成绩都不错，评论都好。最近练巴托克的《第三钢琴协奏曲》，快练出了，不久可能演出。杰老师对我爱护备至，他有时与我讨论音乐问题，简直不把我当学生，而当作朋友，使我感动极了，新年是在他家里过的。

至于说到作曲家，我最近最喜欢的第一是巴赫，巴赫太伟大了，他是一片海洋，他也是无边无际的天空，他的力量是大自然的力量，是一个有灵魂的大自然，是一个活的上帝。巴赫使我的心平静。其实巴赫的虔诚没有一点悲观的成分，而是乐观的，充满了朝气，同时却又是那样成熟，那么有智慧。我每天早上起床，一定听一点巴赫的音乐，它好像你能使我增加工作、生活的信心。

舒伯特，我仍然迷恋他，他是一个被遗忘了的世界，我最近弹的《a小调钢琴奏鸣曲》，即李林特在上海弹过的，自己弹了才越来越见它的伟大、深刻和朴素。

我也开始认识了萧斯塔科维奇。真是了不起的作曲家，我这儿有他的第一、第五和第十等三个交响曲，小提琴协奏曲和三个四重奏（第三、第四和第五），我最喜欢他的四重奏他是近代作曲家中仅有的真正的音乐家之一，他写的都是音乐，他不为新奇而新奇，一切都出自内心，而且在他的音乐里，能找到一种深刻的信仰，像在巴赫、贝多芬身上可以找到的那种他的四重奏极有深度，同时他又有些与莫扎特相通之处，有的时候是那么天真妩媚。

除了音乐，我的精神上的养料就是诗了。还是那个李白，那个热情澎湃的李白，念他的诗，不能不被他的力量震撼：念他的诗。我会想到祖国，想到出生我的祖国。

我的信会使你们高兴吗？我希望是这样。爸爸心烦的时候，是不是听听音乐什么的，还是艺术能使人宽心。不多写了，祝你们高兴起来，身体好。

——节选自《傅雷家书》 第150~151页

STORY
故事

材质·结构·风格和银幕剧作的原理

[美]罗伯特·麦基 著
周铁东 译

天津出版传媒集团
天津人民出版社

自1997年初版以来
《故事》一直是全世界编剧的第一必读经典
它所讲授的创作原理,当然也适用于小说家们

畅销书案例分析9

《故事：材质·结构·风格和银幕剧作的原理》

刘治禹

一、图书基本信息

(一)图书介绍

书名：《故事：材质、结构、风格和银幕剧作的原理》

作者：[美]罗伯特·麦基（Robert McKee）

译者：周铁东

开本：32开

字数：440千字

定价：68.00元

书号：9787201088334

出版社：天津人民出版社

品牌：果麦文化

出版时间：2014年9月

(二)作者简介

罗伯特·麦基1941年1月30日生于美国底特律，剧作家、编剧教练。因连续剧《起诉公民凯恩》获得英国电影和电视艺术学院奖(BAFTA)。1981年,麦基受美国南加州大学邀请,开办"故事"培训班,随后创办全球写作培训机构,学员超过10万名。其中,60人获奥斯卡金像奖,200人获美国电视艾美奖,100人获美国编剧工会奖,50人获美国导演协会奖。被《指环王》《霍比特人》编辑兼导演彼得·杰克逊称为"上师们的上师",长期担任迪士尼、派拉蒙、20世纪福克斯等机构的专业顾问。如今很多有名的作者都曾是麦基先生的学生,包括:威廉姆·高德曼,史蒂文·普莱斯菲尔德(《最后的亚马逊》《火之门》),迈克尔·康奈利(《骨骸之城》,"哈里·博斯"系列),托尼·帕森斯(《男人与男孩》),刘爱美(《云山》)等。

著作《故事:材质、结构、风格和银幕剧作的原理》(下文简称《故事》),被誉为"编剧圣经",以超过20种语言被翻译出版,包括:英语、法语、西班牙语、意大利语、中文、波斯语、土耳其语、希伯来语、斯洛文尼亚语、葡萄牙语、韩语、德语及其他语言。《故事》获得了2000年国际活动影像图书奖。中文精装版销售破18万册,平装新版现已上市。

二、畅销盛况

自1997年初版以来,《故事》一直是全世界编剧的第一必读经典,至今,仍属于美国亚马逊最畅销图书中的Top1%,集结了罗伯特·麦基30年的授课经验,这本书在对《教父》《阿甘正传》《星球大战》等经典影片的详细分析中,清晰阐述了故事创作的核心原理,其指导意义不应只被影视圈的人所认识,更应得到小说创作、广告策划、文案撰写人才的充分开发。

作为一本被誉为"编剧圣经"的书,国内2001年由中国电影出版社首次引进出版(下称"2001版"),2014年由果麦文化重新策划出版了精装版(下称"2014版"),并于2016年推出了新版平装本(下称"2016版")。

直至2018年年初,2014版印数已超18万册,2016版印数已超6万册。在当当网"影视/媒体艺术类"畅销榜中,2014版《故事》自2014年至2017年都保持销量第一的纪录，2016版《故事》出版当年在该榜中仅次于2014版，2017年也保持了第3名的佳绩；截至2018年5月7日，2014版《故事》在亚马逊热销商品总排名中排到第236名，在"艺术/影视"分类排行榜中排名第1位，在"文学/文学理论"分类排行榜中排名第4位；而截至同期，京东商城里2014版《故事》在艺术总销量榜上达第12名，2016版《故事》也达到29名。

作为一本在中国已经有了十多年名气的理论巨著，在跨越十多年后，实现了从最初寥寥几千册印数变成了现在总销量达几十万册的奇迹，它也从一本"大专院校从事影视编剧专业科研教学活动师生专用的编剧专业理论教材"变成了一本大众都喜闻乐见的畅销书，甚至是编剧理论的标杆、代表。几十万册的销量或许并不算特别难以达到的销售数量，但这样的成绩对于一本专业理论著作来说实属罕见，《故事》作为一次将专业书卖到大众市场的实践，值得我们深入地研究、学习和总结，以窥见实现"专业市场转向大众市场"这一目标的一些门道。

三、畅销攻略

截至2018年1月，果麦2014年推出的精装版《故事》已达23次印刷。这明明是一本理论性特别强的著作，为何能有如此旺盛的生命力呢？

人们通常认为，写作这件事是不能教的，写作这件极富创造力的脑力活动无法总结出什么公式、定理，作家一旦开始谈论套路和写作秘诀，是非常危险的，"规则扼杀艺术……"。这话并没有错，然而要知道，写作并不是不能教的。我们肯定写作需要天赋，同时也要承认写作归根结底还是一门手艺，一门技术，独有天赋而缺乏讲故事的能力一如独有材料却不懂如何将它们变成蛋糕。手艺，是必要，也是必需的。规则这件事，麦基在书中也提到过，20世纪初，一些大学开始相信，就像音乐家和画家一样，作家也需要接受类似于音乐学院或艺术学院的正规教育，来学习其手艺的原理……然而在过去的二十五年，美国大学里创造性写作的教学方法已经从内在转向了外在,美国以外的剧作家甚至更缺乏学习手艺的机会,欧洲学术界普遍否认写作是可以教授的。麦基用"手艺的失传""故事的衰竭"来描述这一切。

国内的写作者也不例外。他们或许具备极丰富的写作经验,或许只是初探写作门路的新手,甚至仅作为普通的阅读者,对于故事,他们有一样的需求——弄明白故事运作的原理。人们为何要读故事?故事如何向前发展?为何会吸引人?什么是具有生命力的好故事?什么又是陈腔滥调的坏故事?这些问题,不是"秘诀",不是"公式",而是"原理"。弄明白故事原理,成熟的写作者能借此重新审视自己的写作,新人作家可以少走弯路,读者能够更熟练地阅读和理解世界。

理解了《故事》这本论述故事原理的书存在的合理性,在这基础之上我们就能更容易地讨论这本书在中国长销不衰广受欢迎背后的奥秘。总的来说,2014年版《故事》的畅销首先得益于其内容质量的上乘,过硬的内容质量是其在同类图书产品中脱颖而出、经久不衰的保证;同时,果麦文化围绕这本书所做的策划、营销上的努力是推动这本佳作走向大众市场的直接原因,没有这方面的努力,这本书或许至今还只流传在艺术院校的影视专业内。另外,装帧设计和译者的选择虽然不是这本书畅销的决定性因素,但对这本书的销售都起到了推波助澜的作用。

(一)内容质量决定其生命力

作者的权威和图书内容的口碑,是直接决定一本书生命力的因素。《故事》也不例外,虽然有了权威的作者和高质量的内容,图书不一定会大卖特卖,但要使图书具有长销书的生命力,内容质量是必备要素。简言之,图书的内容质量是图书长销的必要不充分条件。《故事》就是这样一个案例。

1. 简洁有力、清晰可感的结构

《故事》全书分为四个部分,分别是"作家和故事艺术""故事诸要素""故事设计原理""作家在工作"。这四个部分分别论述了:(1)故事的终极问题;(2)构成故事的诸要素;(3)故事运作的核心原理;(4)故事创作过程中必定会遇到的问题。整本书的逻辑清楚简单,从故事问题这种宏观的、根本的问题开始,解决了"哲学问题";第二部分为读者分解故事的几大要素,接着顺理成章地开始讨论故事是如何运作的、故事的动力来自哪里这些问题,最后对创作中的其他问题进行补充。这条线即从宏观到微观(哲学→技术),又从局部到整体(要素→运动),符合一般人们的科学思维方式,便于读者所接受。

同时,《故事》的内容又自成体系(意味着作者自己构建的知识图谱内各部分都能够产生联系和互动,逻辑始终能自洽并一以贯之),标题层级清楚,如第二部分下设"结构图谱""结构与背景""结构与类型""结构与人物""结构与意义"五章,又如"结构图谱"一章又下设"故事设计术语""故事三角""故事三角内的形式差异""故事设计的政治学"四个子目;再如"故事设计术语"下的各术语的阐述也按照概念外延从大到小的顺序排列成最小的细分标题。这种结构具有学术著作的严谨性和科学性,令读者在阅读时更容易捕捉作者的思路。

2. 既有严谨、专业的论述,又有深入浅出的解释

在《故事》中,有一些学术性极强的论述,例如:"结构是对人物生活故事中一系列事件的选择,这种选择将事件组合成一个具有战略意义的序列,以激发特定而具体的情感,并表达一种特定而具体的人生观。""节拍是动作/反应中一种行为的交替。这些变化的行为通过一个又一个节拍构筑了场景的转折。"也有一些浅显易懂的句子,如:"若无冲突,故事中的一切都不可能向前进展。""'展示,不要告诉'这一著名的原理便是问题的关键。千万不要将话语强行塞入人物的口中,令他们告诉观众有关世界、历史和人物的一切。而是要向我们展示出诚实而自然的场景,其中的人物以诚实而自然的方式动作言谈……而与此同时,却间接地将必要的事实传递给观众。换言之,将解说戏剧化。"

不难发现,在这本书中被作者以严谨、专业的论述方式所阐述的对象通常是一些概念或定义,被以简单易懂甚至以一些极端词语(如"千万不要")

描述的对象通常是对观点的解释,我们知道若是一本定位为学术专著的著作,通常是不会见到口语化的词汇的。这样的行文有一些特点,比如给读者的阅读提出了一些挑战,但又不至于止步不前;即使是反复阅读也会有新的感悟,在重复的阅读和实践中对作者一些不太容易理解的话或许会有新的思考。

所以,给读者提出一定的阅读要求,但保证文本的可读性,是保证这类著作畅销同时履行出版活动引导功能的重要要求。

3. 言之有物,案例翔实

许多述及理论、理念、思想的著作很轻易就可以做到让读者"不明觉厉",但那不是《故事》这本书所追求的。麦基在书中除了构建自己的理论体系,还利用丰富而恰当的案例对它们进行了阐释,甚至直接使用电影剧本中的一部分来说明某个问题。

例如在第二章"结构图谱"的"故事设计术语"这一小节中,麦基为了说明结构、事件、场景、节拍、序列、幕、故事高潮分别是什么,一共举了四个例子,从案例中细致地分析这些概念如何理解、如何适用;又如在第七章"故事材质"中,为了说明什么是"从里到外的写作方法"(其实这样的道理听起来挺空泛,或许读过就忘了,如果能有案例说明,阅读效果一定不一样),作者直接将《唐人街》第二幕高潮的剧本作为案例放在书中进行分析,在2014版《故事》中此案例篇幅长达28页,可以看出作者为了说明一个"大道理"是不吝增加案例篇幅的。

翔实的案例也是《故事》的一大特点,这一点也为这本专业著作为大众所接受打下了重要基础。

4. 不仅是故事原理,更是窥探人生的窗口

初读《故事》,读者必定把它作为纯粹的编剧专业书来读。但实际上,这本书的内容已超越了"如何把故事讲好"这件事本身,熟练的读者恐怕会读出一些超出专业之外的理解。

在序言中,作者花了大量的篇幅来解释一个道理:不要妄图通过走任何

捷径(包括阅读此书)获得做好某件事的能力,但理解事情的原理是非常重要的。麦基花了那么大的力气告诉我们,或许很多人普遍相信"理论无用",但其实学习前人总结的经验是必要的,它帮助我们少走弯路;同时,少走弯路并不意味着提供捷径,它仅仅是减少人浪费掉的时间。这一点,恐怕适用于任何一个专业、学科。

另外,此书对讲故事的讨论其实是宏观的,并不只针对电影编剧而写。大到每个人的人生("小说赋予人生以形式"),小到酒吧闲聊、报纸消息、睡眠做梦,都暗含着共通的道理——故事是人生必需的设备。在作者的反复论证中,读者会渐渐发现这些讨论为我们打开了一扇窥探自己人生的窗口:我们为何对说教厌烦?我们如何看待他人和自己的关系?为何对他人产生共情能成为我们交流的基础?我们又如何理解一个故事,正如我们如何理解自己的人生?

真正好的作品(无论是虚构、非虚构)都具有紧紧扎根于真实生活的特质,即使经过了时间的检验,这些特质依旧闪闪发光。麦基的文本正是具有了这样的特质,才让读者愿意奉它为经典——它不仅是故事原理,更是窥探人生的窗口。

(二)线上线下营销活动的推广作用

2014版《故事》的畅销一方面归结为内容质量高,另一方面不得不承认果麦在营销活动方面付出的努力对此功不可没。否则,独有高质量的内容,为何2001版并未如此畅销呢?原因当然也是多方面的。

非常重要的一点是,《故事》在国外的畅销以及在国内已有的十多年口碑积累(且读者多为专业人士),使它已有一定的市场基础,所以在目前国内市场的同类产品中具有一定程度的不可替代性,提到编剧学习也不太可能绕开此书。可以说,它是同类产品里的佼佼者,鲜有可直接与之抗衡、竞争的对手。有了这样的前提,这本书的营销工作就有了很好的开展基础,也为它的畅销埋下了伏笔。

1. 官方微博微信发起的话题营销

2014版《故事》于2014年9月1日出版,同年9月29日,果麦文化的官方微博发起了"转发赠书"活动,活动内容为只要关注果麦文化并转发该条微博,就有机会获得果麦送出十本2014版《故事》的其中一本,此次活动赠书的对象仅限于学生且不同学校。从这次转发赠书活动不难看出果麦2014版《故事》主要针对的读者对象为学生群体,发起读者的转发有利于宣传信息的有效扩散及二次扩散,同时增加果麦文化官方微博的关注人数。对于赠书对象不同学校的限制,一方面保证了活动的公平性,另一方面提高了宣传信息的覆盖面。该条微博最后达到了近600条转发。

同年10月13日,果麦文化官方微博又推送了一条宣传2014版《故事》的微博,内容为"好莱坞编剧教父罗伯特·麦基写给写作者的8句忠告",以"干货文"的形式宣传《故事》,同年10月18日,果麦官方微信"果麦读友会"也推送了同样的文章。此外,之后果麦读友会推送过的和此书相关的文章还有《我们都深陷在自己的悲欢里,而故事如海,回头是岸》和《有一种眼神,叫英格丽·褒曼》两篇。

后在2016年平装版《故事》上市,同时是2014版销售突破10万册之际,果麦文化又于2016年3月14日推送了一条"转发送书"的微博,除了文字,此条微博配有9张图片,每张图都是一部经典电影的截图,并附有一句《故事》里的句子,如恐怖片《孤儿怨》附有一句"可信性是恐怖片的关键"。这样一来,不仅令读者更感兴趣,也起到对图书内容进行直接宣传的作用。最后该条微博的转发数达到了2179条。

值得一提的是,2016版上市之后,果麦官方微信为了宣传《故事》还陆续推送了7篇与此书相关的文章。

2. 作者来华开展故事培训营活动

除了线上的新媒体营销活动,2016年4月,果麦官方微博又推送了一条消息称同年5月26日,作者罗伯特·麦基将亲自到北京,举办首次"故事研习班",向学员讲授故事创作的课程。这次课程的名额限定为230人,且费用为每人9800元,地点为北京市朝阳区建国门W酒店,课程采用全英文授课,中文同声传译，还可提供住宿。活动共持续4天。

这次活动，除了为参与者提供课程，活动本身同时也是一次宣传，除了果麦官方微博对活动的宣传，其他许多网站也给予了关注，如中国新闻出版广电网、凤凰读书、百度贴吧等，都有相关新闻信息。

由于此次活动的参与者普遍反映良好（据凤凰读书，参加过培训班的学员吐露心声，称"有意义""效果好"），2017年5月罗伯特·麦基再次来华，举办2017年麦基故事培训班，得到了广电总局的大力支持，吸引了国内外众多读者。这次活动招生工作已改为在"罗伯特麦基"微信公众号上展开，表现出麦基的故事研习班已形成了一定影响力。

截至本文截稿前，该公众号已于2018年5月2日推送了文章《2018罗伯特·麦基故事研习班月底来袭》，清楚表明了2018年麦基故事研习班还在继续，热度不减。麦基的故事培训营活动会否被做成一个具有延续性的、独立于《故事》而存在的教育产品，还将拭目以待。

3. 成为豆瓣、知乎等社区的讨论话题，热度高口碑佳

"罗伯特·麦基的《故事》被过誉了吗？""史蒂芬·斯皮尔伯格为何对'好莱坞最受欢迎的编剧领袖罗伯特·麦基'不屑一顾？""为什么罗伯特·麦基没有写出特别有影响力的（电影）作品？""有没有类似罗伯特·麦基《故事》这种教写小说的理论书？"这些问题，是在互联网问答社区"知乎"搜索"罗伯特麦基"等相关词条所能找到的问题，其中热度最高的问题是"罗伯特·麦基的《故事》被过誉了吗"，这个问题下面的大多数回答都广泛认同这本书没有被过誉的观点。另外，2014版《故事》在知乎上已成为一个话题词条，进入了知乎的话题结构树，这意味着之后将有更多的新问题、精华回答、讨论以及与此相关的其他话题不断更新着话题生命力。值得一提的是，id为"编剧王虎"的用户在其2017年开展的知乎付费live直播"以创作实例解读麦基——成为《故事》高手"中，以麦基的理论为核心进行了编剧课程的直播授课。知乎与《故事》相关的一系列话题、词条、直播，都显示出《故事》一书在大众心目中不可替代的经典地位。

而截至2018年5月7日,《故事》在豆瓣读书上的评分也居高不下,2001版《故事》的评分达到9.3分(5200人评价),2014版的评分达到9.3分(4123人评价),2016版的评分达到9.3分(646人评价)。在豆瓣的评价体系中,图书评分能上9分的已是大家心目中的"神作",属于"不得不读"的作品。

知乎和豆瓣对于《故事》的褒奖和评价,一定程度上能体现出《故事》内容质量的优秀,同时拥有良好的市场口碑,是此书成为畅销书的保证。

4. 适时推出作者新书,形成书系

随着2017年罗伯特·麦基的第二次来华开展故事培训营,果麦也推出了作者的新作《对白》,其装帧设计承袭了2014版《故事》,多少能看出果麦欲使其形成书系的目的。据《京华时报》,作者透露他会将这些年有关编剧理论的一些新认识写成《对白》和《角色》两部著作,作为《故事》的深化和补充。如今《对白》已在中国大陆地区出版,可以预见《角色》在不久的将来也会作为麦基的编剧书系之一推出。

当图书产品有了一定影响力后,适时推出新书,形成书系,是对原作品的二次营销,也是对原作更深入开发。

(三)装帧设计——精装书更被读者青睐

三个版本的《故事》装帧设计各不相同,下面一一分析。

2001版《故事》采用了32开的开本规格,选用了勒口平装的装订形式,无任何表面整饰加工工艺。总的说来,这个最初版具有一定的实用性,开本小巧,平装本阅读起来也更方便,覆膜并带勒口的封面设计具有防水、防卷边的作用。但其封面设计在今天看来已经过时(使用了电影胶片等图片元素),内文用纸是便宜常见的胶版纸,内文字体也选用最常见的宋体字,再结合其版心设计等各方面来分析,这本书的产品读者定位更像是有一定专业诉求的专业读者,非编剧专业的普通大众没有理由会想购买这本书。

2014版《故事》也采用了32开的开本规格,但是装订方式选择了方脊精装,封面使用纯色(孔雀蓝)做底,面封和书脊的书名使用了烫银工艺,底封也仅有一句烫银处理的"故事,是生活的比喻"。总之,2014版的封面除了书名、作者、出版者等必要信息,没有其他多余的图片和文字,宣传语和条形码都印在纯银色的腰封上,取下腰封,整本书就显得素雅、高级,让读者有种想要收藏的欲望。这个版本的《故事》给人一种"收藏品"的印象,且不讲内容,图书产品本身就已成为值得购买的理由。

2016版《故事》采用了16开的大开本规格,装订方式使用了勒口平装,果麦官方对这个版本装帧的评价是"更加轻薄舒展"。

对比起来,2014版的《故事》实际上是最受读者欢迎的,其原因和装帧设计有很大关系。不难看出,当下市场读者对于小开本精装书的追捧依然是热度不减,读者也更偏向于清新、典雅、高级感十足的图书产品,虽然某些设计并不实用(比如和2001版封面覆膜的勒口平装本比起来,2014版的封面材料实际上很容易沾上指纹,留下的油污灯光下看更明显),但读者似乎对这类"华而不实"的设计还是很买账的。

四、精彩阅读

《故事》论述的是原理,而不是规则。

规则说:"你必须以这种方式做。"原理说:"这种方式有效……而且经过了时间的验证。"二者有着本质的区别。你的作品没有必要临摹一部"写得好"的剧本,而是必须依循我们这门艺术赖以成形的原理去写好。急于求成、缺少经验的作家往往遵从规则;离经叛道、非科班的作家破除规则;艺术家则精通形式。

——节选自《故事》序言

"个人故事"结构性欠缺,只是对生活片段的呆板刻画,错误地将表象逼真当成生活真实。作者相信,他对日常事实的观察越精细,对实际生活的描写就越准确,他所讲述的故事便也会越真实。但是,无论被观察得如何细致入微,这种"事实"也只能是小写的真实。大写的真实位于事件的表面现象之后、之外、之内、之下,或维系现实,或拆解现实,不可能被直接观察到。由于作者只看到了可见的事实,反而对生活的真实茫然无视。

——节选自《故事》第一章　故事问题　第18页

因此,故事必须抽象于生活,提取其精华,但又不能成为生活的抽象化,以致失却实际生活的原味。故事必须像生活,但又不能一成不变地照搬生活,以致除了市井乡民都能一目了然的生活之外便别无深度和意味。

——节选自《故事》第一章　故事问题　第20页

"事件"意味着变化。如果窗外的街道是干的,但你睡了个午觉之后却发现它湿了,你便可以假设一个事件发生了,这个事件叫下雨。世界从干的变成了湿的。然而,你不可能仅从天气的变化中就构建出一部影片,尽管有人曾经尝试过。故事事件是有意味的,却不是琐碎的。要使比那话具有意味,它必须从发生在一个人物身上开始。如果你看见某人在倾盆大雨中淋成了落汤鸡,这多少比一条湿漉漉的街道更富意味。

——节选自《故事》第二章　结构图谱　第31页

换言之,是故事告诉了你它的意义,而不是你将意义强加到故事之中。你并不是从观点中获得动作,而是从动作中引出观点。因为无论你的灵感如何,到最后,故事总要将其主控思想植入最后的高潮之中。而且当这一事件道出了它自身的意义时,你将会体验到写作生活中感受最为强烈的时刻之一——自我认识:故事高潮反映出你内心的自我,如果你的故事是来自于你内心最好的源泉,你看到故事中反映出来的东西时常常会感到震惊。

你也许会认为,自己是一个热情而充满爱心的人,直到你发现自己居然写出了具有愤世嫉俗后果的故事。你或许会觉得,自己是一个曾经沧海的人,却发现自己写出了一个温馨而富有同情的结尾。你以为你知道你是谁,但你常常会为你迫切需要表达的东西而感到震惊。换言之，如果一个情节完全按照你最初的计划进展，那么你的写作方法便过于拘谨，没有给你的想像和直觉留出余地。你的故事应该时刻让你感到吃惊，漂亮的故事设计是所发现的主题、起作用的想像以及灵活而明智地施展手艺的头脑的统一体。

——节选自《故事》第六章　结构与意义　第133页

乍看起来，创造移情似乎并不困难。主人公是人，观众也都是人。当观众昂首仰望银幕时，他能看出人物的人性，感觉到自己也分享这一人性，对主人公产生一种认同感，并一头扎进故事里。实际上，在伟大作家手中，即使是最不能同情的人物也能被赋予移情作用。

例如，麦克白，从客观上看，他是那样的邪恶。他乘人熟睡之机屠杀了一位仁慈衰老的国王，而国王从来没有伤害过他——实际上国王被害的当天正准备要提升麦克白。麦克白随后又谋杀了国王的两个仆人并嫁祸于他们。他还杀死了自己最好的朋友。最后还派人暗杀了他敌人的妻子和幼儿。他是一个无情的杀人凶手，但在莎士比亚笔下，他变成了一个具有移情作用的悲剧英雄。

作者之所以能够做到这一点，是因为他给了麦克白一个良心。当他在独白中彷徨，痛苦地自责"我为什么要这样做？我到底是一个什么样的人？"时，观众听着、想着，"什么样的？心怀负罪感……就像我一样。我一想到要干坏事，感觉就很不好。如果真干了，感觉就更坏了，随后便会有没有尽头的负罪感。麦克白是一个人，他就像我一样也有一颗良心。"事实上，我们是如此地为麦克白痛苦挣扎的灵魂所牵扯，在高潮处，当麦克德将他斩首时，我们感受到的是一种悲剧性的失落。《麦克白》令人心颤地展示了，作者的神力在一个本应可鄙的人物内心找到了一个移情中心。

另一方面，近年来的许多影片尽管具有其他可贵的素质，却在这一点上触礁翻船，因为他们未能建立起一条观众纽带。只需一个例子我们便能知晓：《夜访吸血鬼》。观众对布拉德·皮特扮演的路易斯的反应大略如此："如果我是路易斯,被囚禁在这一死后的地狱,我会毅然了断。他变成了一个吸血鬼已经是很不幸的事情了,肯定不愿意这样的事情再发生在别人身上。但是,如果他觉得将无辜的人吸血致死确实是一种罪孽,如果他恨自己把一个孩子变成恶魔,如果他讨厌老鼠血,那么他应该采用这个简单的解决办法:等待日出,天一亮一切就结束了。"尽管安妮·赖斯的小说将我们导向了路易斯的思想和情感,使我们得以移情于他,但摄影镜头客观无情的眼睛却只能看到他表面的东西,一个无病呻吟的骗子。对伪君子,观众总是敬而远之。

——节选自《故事》第七章　故事材质　第160~161页

亨利·詹姆斯在其小说前言中对故事艺术有过精辟的论述,他曾经问道:"一个事件究竟是什么?"他说,一个事件可以小到一个女人把手放在桌子上,以"那种特别的方式"看着你。在适当的上下文中,仅仅一个手势和一个眼神便可能意味着"我再也不想见到你了"或"我将永远爱你":一个是生活的破裂,一个是新生的开始。

激励事件的质量(严格说来,任何事件的质量)必须与世界、人物及其类型密切相关。事件一旦构思完成,作者必须将精力集中于它的功能。激励事件能否彻底打破主人公生活中各种力量的平衡?它能否激起主人公恢复平衡的欲望?它能否在心中激发出那一自觉的欲望,令其求索他认为能够恢复平衡的欲望对象——无论是物质的还是非物质的。在一个复杂主人公心中,它是否还会激活一个不自觉的欲望,与其自觉的需要发生矛盾?它能否将主人公送上一条达成欲望的求索之路?它能否在观众脑中提出那一戏剧大问题?它能否投射出必备场景的影像?如果它能够做到这一切,那么它便可以小到一个女人把手放在桌子上,以"那种特别的方式"看着你。

——节选自《故事》第八章　激励事件　第234页

对白不是对话。

只要旁听过任何咖啡店的对话,你会马上意识到,自己绝不会把那些废话搬上银幕。真实生活中的对话总是充满着笨拙的停顿、极不规范的遣词造句、不合理的推论、语焉不详的重复,它很少能说明一个问题或得出什么结论。但这无伤大雅,因为对话并不是为了说明问题或得出结论。这就是心理学家所说的"保持渠道畅通"。谈话是我们发展和改变人际关系的手段。

当两个朋友在大街上相遇并开始谈论天气时,难道我们不知道他们的交谈并不是为了展开一场有关天气的对话?那么他们到底在说什么?"我是你的朋友。让咱俩从我们忙碌的日子中抽出这一点时间来,面对面地站在这儿,重申我们的确是朋友。"他们也许会谈论体育、天气、购物……任何东西。但是,其文本并不是其潜文本。所言和所行并不是所思和所感。场景并不是它表面上所表现的那样。因此,银幕对白必须具有日常谈话的形式,但其内容必须远远超越寻常。

——节选自《故事》第十八章　文本　第452~453页

ZHAOZHONG
ZHANG

张召忠

进击的局座：悄悄话

位卑未敢忘忧国，
一个退休老头儿的进击！

畅销书案例分析 10

《进击的局座:悄悄话》

张 萌

一、图书基本信息

(一)图书介绍

书名:进击的局座:悄悄话
作者:张召忠
开本:16开
字数:240千字
定价:42.00元
书号:9787535492418
出版社:长江文艺出版社
出版时间:2016年10月

(二)作者简介

张召忠,男,汉族。1952年生于河北省沧州市盐山县,国防大学军事后勤与军事科技装备教研部原副主任,副军职、海军少将军衔、教授,军事战略学博士研究生导师,军事装备学学科带头人,中央电视台特约评论员,享受国家政府特殊津贴和军队优秀人才岗位津贴。中国军事未来研究会理事、中国国防科技信息学会常务理事、中国海洋学会理事、中国太平洋学会特邀研究员。长期在作战部队、科研院所及军事院校工作。通晓阿拉伯语、英语。学过日语，曾到伊拉克、美国、瑞士、意大利、以色列、英国、印度等国工作和访问。先后有8项成果获得国家部委和军队级科技进步奖。张召忠长期担任中央电视台特约评论员，从1992年开始，他作为嘉宾参与中央电视台《军事天地》栏目制作并担任《三十六计古今谈》主讲人。2003年起，张召忠作为嘉宾，参加了包括中央电视台一频道"沙漠惊雷"作战行动直播的多次大型直播和多个栏目的制作。至今仍是中央电视台海外中心《海峡两岸》栏目的主要嘉宾之一。2011年12月，在央视《百家讲坛》开始录制《张召忠说航母》系列。2015年7月退休。著有《海洋世纪的冲击》《现代海战启示录》《网络战争》《走向深蓝》《百年航母》等。

张召忠的文风大胆而幽默，其军事、政治观点犀利且独树一帜，他的评论文章晓畅通俗、轻松幽默、亲切生动。退休前，作为军事专家和国防大学教授的他，曾因为一些言论备受争议。退休后，张召忠投入新媒体行业，开办自己的微博、微信公众号等，笔耕不辍，投身青少年国防教育宣传。

二、畅销盛况

张召忠在书中表达了欣赏年轻人、包容年轻人、希望年轻人更好成长的意愿。本书在国内年轻读者群体尤其是军迷群体内引起了很大的反响。首版书首印合同印量8万册，仅仅在张召忠的"局座召忠"公众号关联的微信商城，实体书销量就达到了3.2万本。2017年全年此书在当当网政治军事类图书排行榜销量排行第36名，在当当网政治军事类图书排行榜销量排行第26名，在京东、当当上也都收获了超过7000条好评。作为一本军事类自传类的书籍在与大量政治类图书的竞争中能够有这样的成绩实属不易。

三、畅销攻略

（一）以畅销书思路策划精品书内容

长江文艺出版社副总编辑，著名图书策划人金丽红曾说："要把一本畅销书做的十全十美，所有的社会责任在一本书上全部都体现出来，那是不现实的。要尊重一本书在畅销期和非畅销期的寿命规律，不要想在一本畅销书上把所有的东西都做足。"

如果将《进击的局座：悄悄话》与张召忠之前所写的学术著作相比，尽管之前出版的例如《规范海洋》《百年航母》这些图书有着更深刻的思想内涵和更专业的学术论述，可以被称为精品书，但是就出版业和我国图书市场现状来看这些书即使作者有名气，思想内容优秀，学术观点新颖，完全契合社会热点，也依然不可能成为畅销书。而《进击的局座：悄悄话》这本书只是整合了张召忠大量文稿中少量的专业内容，加上作者的人生感悟却能一炮而红，这就是策划手法上的根本差异。

《进击的局座：悄悄话》从一开始就是以畅销书的定位进行策划，迎合短时间内的社会热点，如果用做畅销书的这种手法来做学术类的精品书，类似《百年航母》这些书的销量就有可能获得很大的提升，甚至有成为畅销书的潜质。而对于出版社而言它有大量的书号和作者资源的保证，根本不必担心做这种书的力量，也不必担心内容的来源，问题是到底现在有多少人愿意做这类书。另外对出版社来讲，要倾斜出版社的人力和财力，倾斜多少到这类书上才能实现社会效益和经济效益的双赢，这是一个很大的问题，而这也往往成为一大部分精品书"胎死腹中"的原因。

所以必须认清畅销书策划的一个根本问题，一个出版社做几本畅销书，获得短期的经济效益来投入精品书，这是现在大多数出版社规避风险的做法。我们应该对畅销书更加宽容一些，畅销书只要品位适中，通过有效的营销，迎合社会热点，在畅销的寿命期内把销量提高，有一定效益就可以了。

长江文艺出版社的这种思路在《进击的局座:悄悄话》这本书中体现得非常明显,它的思想内容不是张召忠著作中最深刻的,理论研究也不是最专业的,但是它所采用的策划是最符合畅销书畅销寿命规律的,也就是在合适的时间将合适的精品书推向了合适的读者群体。长江文艺出版社的编辑并没有一味追求将张召忠的思想和学术成果形成精品化的图书,而是从畅销书的根本规律出发进行策划,以畅销书的思路策划精品书内容,从而实现了社会效益和经济效益的双丰收,这才是最值得我们从《进击的局座:悄悄话》一书的策划过程中学习的。

(二)作者营销

作者营销是人物传记类畅销书运作的重要营销手段,利用作者的知名度和社会影响力,也就是通常所说的"名人效应"。长江文艺出版社在选择合作对象时独具慧眼,选中了张召忠。

张召忠曾任国防大学军事后勤与军事科技装备教研部副主任,并长期担任中央电视台特约评论员,从《三十六计古今谈》开始,他作为嘉宾参与中央电视台《军事天地》栏目制作并担任主讲人。2003年起,张召忠作为嘉宾,参加了包括中央电视台一频道"沙漠惊雷"作战行动直播的多次大型直播和多个栏目的制作。至今仍是中央电视台海外中心《海峡两岸》栏目的主要嘉宾之一。2011年12月,在央视《百家讲坛》开始录制《张召忠说航母》系列。并在退休后作为凤凰卫视、北京电视台、湖北电视台的军事节目嘉宾一直保持着很高的曝光度。可以说在媒体圈子里,尤其是军事和时事政治评论节目的观众中,张召忠有很高的辨识度,这也是《进击的局座:悄悄话》能够进行作者营销的一个关键因素。

其次,作为媒体明星的张召忠在学术方面同样建树颇丰。先后有8项成果获得国家部委和军队级科技进步奖,1993年起享受国家政府特殊津贴。先后兼任中国军事未来研究会理事、中国国防科技信息学会常务理事、中国海洋学会理事、中国太平洋学会特邀研究员。发表论文专著数千万字,海洋、军事、国防建设等方面有很多代表性的专著，如《海战法概论》《百年航母》《下一场战争》《中国让战争走开》等。并与方保定先生一起翻译了西方著名军事作家汤姆·克兰西的海战题材小说《猎杀红色十月》。张召忠的身份不仅是一名普通的畅销书作家，更是一名共和国军人和军事理论家，他对于军事研究的专业性不容置疑。

但真正使得图书策划者眼前一亮的是64岁的他在年轻人中的强大知名度，这不仅是因为他知识面广，各种时事新闻、军事历史故事都非常熟悉，而且平易近人，这位64岁的"老年网红"非常关注和了解年轻人的生活，熟悉年轻读者的关注热点和阅读喜好，张召忠自己拥有同名微博，并且带领团队运营微信公众号。张召忠在电视观众眼中的形象是为年轻人传递正能量，为普及国防教育尽心尽力的形象。

而在年轻人，尤其是年轻网民眼中，张召忠的形象在严肃的军事理论家、军人和电视明星之外还有另外一种作为流行文化符号的特殊含义，由于张召忠常在军事评论节目中语出惊人，并且经常以调侃语气对许多军事热点话题做出预测，网友戏称他为"战略忽悠局局长"，简称"局座"，这本是对于海湾战争以来张召忠对战争形势的错误预测的嘲讽和对于他提出的类似"雾霾防激光制导武器"理论的调侃，但长期观察下来，广大网友却发现这些预测大多是正确的，而网上所流传的很多所谓错误理论也只是网友们断章取义的误会。同时张召忠在被人误解和非议的这些年里一直保持良好的心态，充满趣味的语言和作为共和国军人的爱国情怀也彻底征服了网友，在网络上受到了广泛理解和欢迎。而"局座"的称呼也保留了下来，但已然变成了一种爱称。在退休之后，张召忠全身心投入到新媒体行业中，继续在爱国主义教育的阵地奋战。年轻粉丝对他除了有一种对长者的尊重之外，还有一种对偶像的"追星"感，这一点充分挖掘和利用了年轻读者对于文化产品的消费能力。

充满话题性，有高知名度和社会美誉度，长江文艺出版社在《进击的局座：悄悄话》这本书的作者营销方面可以说获得了极大的成功。

(三)紧扣社会热点,提炼优质内容

从内容来看,《进击的局座:悄悄话》这本书的内容很好地契合了当时的时代热点。随着我国第一艘航空母舰辽宁号的服役,各型新型护卫舰、驱逐舰的曝光,海军武器装备正逐渐成为社会共同关注的热点。同时,随着台海局势和国际大势的变化发展,也由于我国经济水平不断提高,海军建设和走向深蓝逐渐成为军队建设的重点。中国拥有18000公里左右的漫长海岸线、6500多个岛屿和近300万平方公里的管辖海域。近期诸多严峻现实表明,中国在将来要巩固海防,维护自身的海洋权益,势必要积极发展海权,建成一支强大的海军。这已经成为近几年媒体和社会关注的一个热点话题,蕴含着巨大的出版市场潜力。

以同类书来举例,马汉的《海权论》一书于1890年出版,在世界范围内畅销至今,近几年也借"海军热"在国内获得了不错的销量提升。但在出版物市场中,海军、海权这一方面的畅销书可谓凤毛麟角,虽有一些优秀的专业著作,但对于不从事军事研究的读者来说太过于艰深晦涩,不太可能成为畅销书,针对这类市场缺口,不仅仅要看到销售潜力,更要注意以畅销书思路来策划内容并且进行营销。

张召忠是当今国内研究航母和海权方面的顶级专家,又在年轻群体中有着高曝光率,在数目庞大的电视观众中有很高的知名度。这不但保证了出版社可以开展作者营销,更能够保证内容的专业性和前瞻性,也就是我们常说的有"干货",在图书出版业中,内容为王依然是核心价值取向,保证销量不能只靠营销手段,更要保证高水平的内容。在作者选择和内容质量的把控上,长江文艺出版社做到了二者并重,这也成为本书畅销的重要保证。另外一点,在这本书的序言中,张召忠就明确地提出这本书是写给年轻人的,力争"幽默,真诚,有诗意"地进行国防教育和爱国主义教育,这种定位一方面是作者对于这本书的期待,另一方面也是出版社对于主要读者群体消费心态和兴趣点的解读。

针对大学生群体特点和年轻读者的心理状态,有一类书就是针对大学生群体的消费需求出版的。现在的大学生跟过去的大学生阅读需求很不一样,除了学习自己的专业以外,考虑的就是将来以后怎样进入社会。所以他可能不仅学自己的专业,还学专业以外的很多东西。这一时期更多的是一个成长规划期,阅读的面也会更宽泛,更深入,层次也会更高一些。只要能把握好这一群体的阅读需求,这一群体可以爆发出强大的消费能力。《进击的局座:悄悄话》并没有以作者居高临下的身份对于读者进行说教,也不局限于自己熟悉的专业内容,而是非常真诚地面对年轻读者,谈个人经历,以朋友和人生导师的双重身份写下自己对于进入社会和获得成功的历程,分享自己对于成功的理解。这大大提升了读者对于本书的接受程度,通俗、生活化的语言也为阅读增添了趣味性。

一本书的畅销,离不开优质的内容。《进击的局座:悄悄话》是张召忠以悄悄话的形式,讲述自己年轻时求学、当兵、成为学者的经历,以及被网友们称作"战略忽悠局局座"收获千万粉丝关注后的心路历程。鼓励年轻读者勇于创新、学以致用、理性看待现实。在艰苦的生活中走出,踏实勤奋,不走后门,一步步通过自己努力达成今天的成就,有强烈的励志色彩。本书还科普了国防、兵器、网络战等军事问题。在这本书中,张召忠通过其个人经历侧面反映了我国近年来国防事业的发展,书中透露出对我国全民国防意识普遍不强的担忧,鼓励年青一代正视国际政治经济环境,增强忧患意识。

《进击的局座:悄悄话》这本书的封面文案是"位卑未敢忘忧国,一个退休老头的进击",封底则是"重铸国魂,刻不容缓;若不改变,国将不国。宁鸣而生,不默而死;虽是悄悄话,不可悄悄话"。可以说对这本书的内容和作者自身进行了非常简洁有力的概括,虽然内容是生活化的,幽默的,琐碎的,但是包含了张召忠作为军人的深刻思考和对国家未来的担忧,值得年轻群体深入阅读和思考。

除了文字内容,本书自带二次元特色,赠送年轻读者15页精彩条漫,将局座年轻时求学、当兵、结婚的经历,以及国防军事问题等用条漫的方式展现,生动可爱,趣味横生。全书幽默、真诚、诗意。本书内容结合"局座召忠"微信,在书中增加二维码,读者可便捷获得相关音频和视频。

在成功的策划和编辑的不断努力下,这本书的内容不但有军事方面严谨、专业的论述,又有深入浅出的解释,更包含了一位共和国军人的人生经历和感悟,语言轻松,妙趣横生。可以说这240千字的内容经过了有效的提炼,使本书的可读性得到了极大提升,是名副其实的优质内容。

(四)年轻化的语言风格

张召忠的作品大多是军事类的专业书籍,这本书是张召忠的作品第一次作为畅销书的定位进行策划,也是第一次以畅销书思路进行营销。如何大胆编辑修改内容文本使其具有畅销书的特质,符合年轻读者群体的阅读习惯,又不改变作者著书的初心是一件值得思考的事情。

《进击的局座:悄悄话》这本书的文稿来源是"局座召忠"微信公众号中有一个小栏目叫"局座悄悄话",说的话题都是大家关心的时事,主要是张召忠将军用音频跟大家聊天,说说心里话。也有很多内容是回答网友问题,家长里短、为人处世、人生经验和军事内容等。

长江文艺出版社敏感地发现了这些内容的价值,希望把这些讲述的内容变成文字,出版一本书,就叫《进击的局座:悄悄话》,双方一拍即合,就转入了实际的操作。张召忠在接受媒体采访时表示这本书不是自传性质,而是讲述了自己的人生、体会、感悟、思索,"我不是伟人,伟人才有自传。我现在退休了,就是一个普通人、网络民工。出这本书就是想让孩子们听爷爷讲那过去的故事,没有华丽的辞藻,全是实打实的大实话。"除了自己的经历,书中也谈到自己遭遇的非议,比如"雾霾防导弹""海带缠潜艇"等被人调侃的话题。

这本书文稿形成的基本流程是每天张召忠每天录制音频,选取其中的文字内容由张召忠微信公众号运营团队的编辑撰写一篇图文推介在公众号发表,整理好的录音速记稿和图文推送内容一起作为书稿的基础进行再编辑。

这种"讲述+推文+书稿编辑"的模式很快开始正常运作。但是当文稿逐步整理出来以后，一个巨大的问题也就暴露在出版社的编辑们面前，那就是很多专业性的内容并不符合该书的畅销书策划的定位，必须进行大改，而且由于张召忠多年的推送和运营，文稿的数量非常庞大而且散碎。

张召忠曾经有过丰富的著述，发表论文专著数千万字。由于大都是专业的学术著作和翻译作品，出版社的编辑一般不会对张召忠的作品做出太大的改动。但是由于《进击的局座：悄悄话》这本书的特殊性，整理出的文稿必须做出改动和调整。为此，长江文艺出版社选择了年轻的编辑团队，担任责任编辑的瑞暄进行了两个月的大刀阔斧的修改和编辑。

张召忠在本书的前言中序言中也提到这件事，他说："这件事对我教育很大，从此之后我发出去的论文和书稿，都要专门跟责任编辑交代，我的任务完成了，编辑和修改的权力都交给你了，你随便改。尽管如此，几乎没有编辑改动过我的文章，顶多就是改正一些错别字而已。瑞暄不是之一，而是唯一，是我接触过的所有编辑中唯一一个胆子够大、改动够多、用尽洪荒之力且能锦上添花的好编辑。"

如果打开这本书，并对比张召忠曾经出版过的书籍，这本书的语言明显更为生活化，大部分专业术语也都有口语化的解释，简单明了。在一些章节中甚至出现了很多时下流行的网络语言和亚文化因素。而熟悉张召忠的读者可以将此书内容和与"局座悄悄话"这个节目的录音文本进行比较，其中的文字内容不但变得更加条理清晰，也变得更适应年轻读者群体的语境。作者给读者的感受并不是一位退休的将军在演讲，而更像是和一个时髦的年轻人对话，语言自然，并没有强行使用流行语的尴尬感。可以说编辑对于文本内容的提升作用是非常明显的，不但没有改变作者的本意和著书的初衷，也使文字内容更加生动和年轻化。

针对读者群体精准定位，长江文艺出版社还在本书的最后安排了15页精彩的条漫，还结合"局座召忠"微信公众号，在图书相应位置加入音视频二维码，读者只要扫码，就能通过音频或视频听到"局座"说给你的悄悄话，而很多内容是书中没有收录的。张召忠在接受采访时谈起这本书的出书过程时表示出版社也曾经担心漫画的形式会使得作品的严肃性打折扣,但是为了能够提高年轻读者群体的兴趣,最终还是决定将漫画内容保留。但与计划中不同的是,《进击的局座:悄悄话》中的漫画由出版社负责设计并且找漫画画手,最终作品非常符合整书的风格,也得到了作者和出版社双方的认可。

(五)网络营销与媒体营销

《进击的局座:悄悄话》在上架后进行了大量的推广营销,其中就包括作者见面会和签售会。2016年11月19日晚,张召忠在新华书店安徽图书城店召开了全国首签新书发布会。2016年12月10日,作者张召忠邀请知名军事节目主持人罗旭在北京芳草地中信书店就新书召开了一次读者见面会。这两次见面会虽然的现场销量都不大,但是在媒体中获得了较高的曝光度。不仅被各大门户网站和新闻媒体报道,也通过直播平台和弹幕视频网站进行了直播和录播,使这本书掀起了一个销售的小高潮。

本书的网络预售版正式发货是在2016年11月18日,作为首批发货的纪念版本,作者张召忠在发货前在三万本首版书上亲笔签字,并在发货时附赠了作者的签名照。由于签字的工作量太大,张召忠在签字时第一批使用的是竖向的草书字体,第二批则是比较简单的横向的艺术字。限量签字版的发售不仅刺激了一部分读者的购买欲望,也在网络上引起了很多读者的讨论,甚至有读者在网上加价求购或者交换草书签字的首版书。这应该是出乎作者和出版社预料的,但是歪打正着通过话题讨论的热度起到了一定的促销作用。

作者的创作变身为图书后,曝光率越高,跟潜在消费者接触的概率越大,图书销售的机会就越大。对于绝大多数图书而言,并没有享受到媒体宣传、新闻推荐等等所谓全方位营销的待遇,这是畅销书营销当中常常缺失的一环,而很多出版社并没有意识到这会给他们的销售带来多大的损失,这是就传统畅销书出版产业的客观现实。

《进击的局座：悄悄话》的成功，很大一部分取决于其有力的网络和媒体营销。此书的网络营销有着先天的优势，首先，作者张召忠在网络上具有很高知名度，尤其是年轻群体。在进行网络宣传时，不仅局限在三大图书销售门户京东、当当、亚马逊上，也瞄准了年轻人接受程度更高的"B站"（www.bilibili.com）这类弹幕视频网站，张召忠本人在"B站"开设的个人账号发布视频进行宣传，同时与知名的军事类视频作者合作，发布视频进行预热。以与"CRAZY262"这位视频作者的合作为例，他制作的视频《军武次位面》在腾讯视频和"B站"至今已累计有3.1亿次点击，11万人订阅，每个视频平均有15到20万次点击。张召忠的"B站"个人账号也有2700万次累计点击，111万粉丝关注，每个视频平均有25万次点击。

能够在如此大范围的年轻群体中进行网络和媒体宣传的效果十分惊人，自上架发货日至当年年末约60天时间内，这两个账号在主要视频网站中共投放了约25个插播该书宣传广告的视频，按平均点击量保守估计，总点击量能达到1100万次，这种在年轻群体中的巨大网络宣传力度是现在很多畅销书不敢想象的。这种宣传的转化效果非常明显，与视频关联的购买链接"战忽铺子"中，该书无折扣的签名版的销量达到了3.2万本，也会有读者观看视频以后通过其他平台进行以折扣价购书（签名版无折扣按原价42元销售，不包含运费。普通无签名版折扣后25元到40元）。而更关键的是，这种宣传是几乎零成本的，比如我所举的例子中，《军武次位面》这一网络节目通过邀请张召忠参加图书宣传也获得了大量的关注和播放量，有效提升了知名度。在图书得到宣传的同时也让视频作者获得了大量的播放量，书籍作者和视频作者都获得了自己最想要的成果，实现了双赢，而出版社则实现了对于图书的有效宣传，付出的成本却远低于在门户网站和图书销售平台投放广告。

而所举的这个例子只是长江文艺出版社在本书营销中的其中一个案例，综合来看，除了视频网站，长江文艺出版社也同时在微信公众号、门户网站和传统媒体上为这本书进行了宣传。在媒体宣传、新闻推荐等进行了全方位的推广营销。借助微博、豆瓣、朋友圈等平台,借助作者的话题性和军事题材近期的热度,也拉动了上架短期内的自媒体的宣传效果,营造了一个热点。可以说,网络和媒体营销的成功是《进击的局座:悄悄话》这本书获得成功的关键因素。

四、精彩阅读

幽默是人类文明的最高境界,不懂得幽默,听不懂别人所开的玩笑,一言不合就拳脚相加,那是没有文化的表现,跟野蛮人没什么两样。不会用幽默的语言去化解尴尬,不会用幽默的方式去与人沟通,开口就给人训话,说话就大嗓门吼叫,张嘴闭嘴都是大道理,好像天底下只有自己最伟大最正确最牛×。要知道,群众,只有群众,才是真正的英雄,而我们自己往往是最可笑的!

真诚是什么?就是掏心窝子,打开天窗说亮话,有啥说啥,别整那些高大上。真诚就是厚往薄来,人心换人心,四两换半斤。吃亏是乐,吃苦是福,别总想着占别人便宜,这样就能感受到真诚所在。我总说,跟孩子们说话要蹲下来,别高高在上,首先在物理上要保持平等,这样就不存在势位差,没有高低贵贱这些势位差也就不会积累能量差,孩子们就感觉跟你是平等的,就愿意跟你交流,就会把你当成他们的朋友、战友。

——节选自《进击的局座:悄悄话》 序言 第1页

"古今多少事,都付笑谈中。"凡事没必要都那么认真,说话办事也没必要都像暴风骤雨,轻声细语不是很好吗?我从来不喜欢讲空泛的大道理,上千人听我演讲,我也都是在讲故事,故事听完了,道理自在其中,什么道理你自己去揣摩,师傅领进门,修行在个人,都是成年人,用不着我手把手去教你怎么做。我讲课、做节目从来不用稿子,都是娓娓道来,抽丝剥茧,循循善诱,有理不在声高,任何强加于人的吆五喝六都是没有用的。

站在巨人的肩膀上向高峰冲击确实能够快速提升自己的地位和名气,但需要把握一个原则,就是要讲究做人的基本道德。个人的任何幸福都不能建立在别人的痛苦之上,个人的任何进步更不能建立在毁灭别人成果的基础上。

明星与名家不同,明星可以一夜成名,那是商业炒作的结果,当商业用途不大的时候,明星很快就会黯然失色。名家不是商业炒作的产物,是几十年如一日艰苦奋斗、默默奉献的结果。因此,愤青在攻击明星和名家的时候要认真区分目标和对象,不要开错了火。

人怕出名猪怕壮,猪长得太肥就面临任人宰割的命运,出头的椽子先烂,这是中国传统文化中庸之道的悲哀。愤青一族不应继承这样的灰色传统文化,应该学习借鉴欧美先进的创新文化,那就是要把名人、名家和明星作为自己学习的榜样,奋斗的目标,挑战的对象,要向一切比自己优秀的人物学习,而不是漫无目的地攻击,更不是乱棍把他们打倒。

第一次世界大战结束以后,《凡尔赛和约》对德国采取了极为严厉的制裁措施,使德国的军事工业、武器装备、军事实力和人民生活状况受到重创,民间怨声载道,一种民族主义思潮逐渐兴起,希特勒就是利用这种新思潮,推行极端民族主义,主张振兴军事,吞并那些占有资源的国家,为国家的强盛而奋斗。这种看似爱国的极端民族主义思潮很快得到处于压抑和痛苦之中的人民的普遍支持,成千上万人高举火把汇聚成纳粹字样的火炬游行就代表了那种高亢的情绪。类似的事例还有很多,比如日本军国主义和意大利墨索里尼的极端主义等。信仰宗教本来是一件好事,也是人的基本权利,但是,如果利用宗教开展极端活动是很危险的,宗教极端主义和宗教激进主义就很危险。塔利班学生民兵组织掌权以后,极力推行宗教激进主义,反对任何形式的现代化,电视机、电影、卡拉OK一律都在禁止之列。

我之所以要举这些例子,就是为当前社会上的一些过激行为而担忧。很多年轻人考虑问题过于简单,没有政治头脑,很容易被坏人所利用,这样下去,如果不注意正确引导,就会酿成一些事端。

1999年中国驻南斯拉夫大使馆被炸以后，年轻人冲击美国及外国驻华使馆，抵制外国货，反美、反日、反西方情绪高涨。对于这样的行为，要从两个方面看，一方面要看到年轻人的爱国主义精神，另一方面也要看到不择手段、简单粗暴所造成的危害，如果在过程中被人利用，后果不堪设想。

现在只要一遇到类似事件，网上就非常敏感，比如中美关系、中日关系、台湾问题等，好像没有别的办法，一说怎么办，就是战争、战争、战争！

如果有人说可否采用其他方式，比如政治、经济、外交方式等，这些人就说你是卖国贼，软弱无能！一说到我军武器装备发展，就是美国模式：要发展航空母舰，要全球作战，要先发制人，要用拳头说话！我很理解年轻人血气方刚的状态，他们可以根据一件事或几件事来确定自己对美国、日本、印度、越南等国的好恶，语言和行为喜欢极端，认为这样就是爱国，谁要是持不同意见，他们就会把人家骂得狗血喷头。"这样不仅不会得到任何好处，还会给其他国家的'中国威胁论'提供证据，并且在一定程度上阻碍了我国与外国的交流，所以说，网民们应该把眼光放长远，为中华民族的利益着想。"

民粹主义、极端主义并不是爱国主义，真正的爱国主义是要从宏观上和战略全局上思考问题，要维护国家的安全与稳定，不要因小失大。

中日有矛盾，但不至于发展为战争。做电视节目和接受访谈，我们很怕涉及日本问题，其中最主要的就是如何谈、谈什么的问题。在评论日本的时候，如果采取高调批判的态度，不符合国家的外交政策，因为要构建和谐世界；如果按照国家的外交政策和构建和谐世界的脉络去谈，很多观众和网友，尤其是年轻人又接受不了，痛骂专家学者"卖国"和"亲日"！包括像抵制日货这个问题，反日、抵制日货、在网上大骂日本等一些激烈的行为其实都是没有意义的。

——节选自《进击的局座：悄悄话》 第256页

THE CHRYSANTHEMUM AND THE SWORD

菊与刀

〔美〕鲁思·本尼迪克特 著

吕万和 熊达云 王智新 译

畅销书案例分析 11

《菊与刀》

徐超颖

一、基本信息

(一)图书介绍

书名:菊与刀

作者:[美]鲁思·本尼迪克特(Ruth Benedict)

译者:吕万和

开本:16开

字数:238千字

定价:50.00元

书号:9787100123396

出版社:商务印书馆

出版时间:2016年8月

(二)作者简介

鲁思·本尼迪克特,美国著名文化人类学家,民族学家,诗人。20世纪初少数的女性学者,受到法兰兹·鲍亚士(Franz Boas)的影响,同爱德华·萨皮尔

(Edward Sapir)提出最早的文化形貌论(Cultural Configuration),认为文化如同个人,具有不同的类型与特征。本尼迪克特早年学习英国文学,故其作品文笔高妙,善于作诗及细腻的描述。1927年研究印第安部落的文化,写成《文化模式》(Patterns of Culture,1934年出版)一书。1940年著《种族:科学与政治》(Race: Science and Politics),批判种族歧视。第二次世界大战期间从事对罗马尼亚、荷兰、德国、泰国等国民族性的研究,而以对日本的研究,即《菊与刀》一书成就最大。尽管她论述的重要性已被其他理论取代,但其著作中提出的问题与关怀,至今仍受到人类学、历史学等学科的重视与关注。战后,她继续在哥伦比亚大学参加"当代文化研究",于1948年9月病逝,享年61岁。

(三)译者简介

吕万和,1925年生,江苏省南京人,南开大学历史研究所、天津师范大学历史系兼任教授。1946年考入北京大学教育系(哲学辅系),1948年冬离校,后被追认为1950届毕业生。曾任天津市历史研究所中国近现代史研究室、日本史研究室研究人员,天津社会科学院日本研究所副所长、所长、研究员,天津社会科学院咨询委员(1989年)等。

二、畅销盛况

《菊与刀》是一本深入剖析日本人性格的文化经典书籍。作为美国政府委托研究的产物,这本书更是成了美国战后决定对日政策的决策依据,深刻影响了战后日本的命运和格局。1951年《菊与刀》被列入日本《现代教养文库》,至1963年已重印36次。1982年出版的一本介绍"日本学"名著的书中称赞《菊与刀》是现代日本学的鼻祖,是文化人类学者研究日本的经典性著作。1995年,《菊与刀》在日本加印101次。1999年,仅日本一国销量已超过230万册。

《菊与刀》在中国的第一个译本是浙江人民出版社1987年出版的《菊花与刀》,孙志民翻译;公认的权威译本是商务印书馆1990年版《菊与刀》,吕万和译,首印不多,却常印长销,在20世纪90年代初期的知识界广为流传。在2005年商务版《菊与刀》成为畅销书之后,之后的每一年都有新增译者和译本,汉译版本数量猛增,市面上不同出版社的版本层出不穷。据吕万和回忆,《菊与刀》于1990年6月出版后,以后平均每年加印几千到一万册,直到进入2005年以后发行量显著增加,到第14次印刷时累计印量为12.4万册。❶ 之后该译本多次重版,于2012年推出增订版后,2013年、2016年、2017每年都有基于此版本的再版。截至2018年5月7日凌晨,《菊与刀》(吕万和译本)(2012年版)在亚马逊世界文化史销售排行榜上排名第11,在亚洲史销售排行榜上排名第7。

至今,《菊与刀》已被翻译成30种语言,销售逾3000万册。

三、畅销攻略

(一)日本文化研究热潮兴起

1. 1946年出版后在日本畅销——日本人寻求民族认知

《菊与刀》产生自战后历史环境,注定了要被持久注目,尤其是它畅销并催生一批相关书籍,关注这道出版风景,尤有现实意义。

《菊与刀》能在1946年这个特殊时期出版,具有非同寻常的意义。这是一本应运而生的时代产物。第二次世界大战后期日本失败已成定局时,美国政府开始着手制订战后对日政策。美日两国的国情十分不同,美国对日本的情况也并不十分了解。当时存在的两个问题是:要不要进攻日本本土,日本会不会投降?应不应该保留日本的天皇制日本政府?为了制定最后的

---

❶ 新浪娱乐.一本叫《菊与刀》的学术书还在畅销[EB/OL].(2006-03-27)[2018-05-01]. http://ent.sina.com.cn/x/2006-03-27/09541028138.html.

决策,美国战时情报局动员了各方面的专家来研究日本,提供资料和意见,其中就包括这本著作的作者——人类学家鲁丝·本尼迪克特。

这对于她来讲也是一个难题,虽然她曾在太平洋小岛上做过调查,却没有机会在战时去日本做实地调查。而且人类学一向研究的是比较原始的社会,这次要研究的是现代战争中的日本。她把战时在美国拘禁的日本人作为调查对象和直接资料,同时也大量阅读日本文学及电影。通过从对象社会抽出"文化类型"的办法,她写出了一份报告,推断出的结论是:日本政府会投降;美国不能亲自直接统治日本;要保存并利用日本原有的行政机构。

事实的发展同本尼迪克特的预料和建议一样。1945年8月日本投降后,一经被允许发表研究内容,她便立即执笔编写这本书,经历了大约一年完成。她的写作速度惊人,语言平易优雅,简明易懂。这本书强调了欧美人难以理解的日本人的行为模式和生活习惯都是日本人固有的东西。美国人阅读完《菊与刀》之后,得出的结论是:日本是自己战胜过的对手中最捉摸不定的国家。《菊与刀》这部作品除了被界定为社会科学著作,研究其他民族的文化,一定程度上也是一部政治文学,传递着美国的意识形态和思维方式。

1946年《菊与刀》在美国问世后,仅两年之后就在日本出现了译本。第一位将《菊与刀》翻译成日语的译者是长谷川松治,在他之后也有其他译者翻译了不同的日语版本,但他是最早将《菊与刀》引入日本的译者,他的译本流传非常广泛。

日译本诞生的时间与原著只相隔两年,属于同一历史时期。从1945年日本投降到1951年期间,日本实际处于盟军军事占领阶段,由盟军司令部进行统治,即美军司令部统治。由于苏联被排除在外,而蒋介石放弃了权利,"二战"后对日本本土的受降是美国人独立进行的。所以原著和日译本的诞生都在该一时期当中,具有极强的特殊性。原著是美国人站在统治的立场去研究日本是怎样的民族,该如何统治日本,研究日本文化也提出了美国人的看法和美国人倾向采取的做法,服务对象完全是美国政客。而日本人的立场则是更加侧重认识自身的文化,从中寻找民族身份的认同,学习他人对自己的看法更好地改善自身。[1]

2. 1987年出版后在中国的畅销——中国人渴望了解日本

金克木先生在1981年第六期的《读书》上写了一篇文章《记〈菊与刀〉——兼谈比较文化和比较哲学》,开头是这样说的:"美国人类学家本尼迪克特(Ruth Benedict)的这本《菊与刀》(*The Chrysanthemum and the Sword*)是一九四六年出版的,离现在三十五年,已是一本旧书了;不过在我国似乎还值得一谈,并不只是因为这书已成为名著。"

《菊与刀》是一本什么样的书?为什么时隔多年,没有经过任何炒作,它会从学术经典摇身一变,成为大众阅读界的宠儿?《菊与刀》在中国的热销,比日本迟到了五十多年。中日关系的日趋紧张,毫无疑问是一个关键的背景。它的热销还需要几个因素:读者完全没有关于日本的知识;整个社会对日本问题有很强烈的兴趣;整个社会又没有相应的知识准备。但这种热销永远是一个时间性的现象,中国社会什么时候热销这本书,就说明中国对日本的了解还停留在1946年。1949年后中国人似乎还没有写出一本全面介绍日本人和日本文化的书。1949年前,黄遵宪的名著《日本国志》以后,戴季陶写过《日本论》、蒋方震写过《日本人》。除学术界外,恐怕读者不多。和日本打了八年抗战的中国人,若想获得关于日本文化的整体性知识,思来想去,似乎真的只有一本书可以读,那就是美国人写的《菊与刀》。

《菊与刀》的作者是美国人,但是对于中国译者来讲,其研究的内容和在日本的广泛影响已经盖过了原作的国别。最初《菊与刀》没有以中美文学交流的形式来到中国,而是通过"学习日本"的内容在中国生根发芽。《菊与刀》在中国的出现与美国并没有密切关系,却与日本关系密不可分。20世纪90年代的国际形势是苏联解体,冷战结束,1992年是中日邦交正常化20周年,中日关系已经处在蜜月期中。这一时期民间交往更加密切,文化交流从未间断。《菊与刀》成为中国人重新认识日本的一把钥匙。2005年是一个特殊

---

[1] 董翀翀.从《菊与刀》中日英三语版本看世界文学的横向发展和翻译[D].北京:北京外国语大学,2017.

的时间点,这一年是第二次世界大战结束60周年和日俄战争100周年,同年日本政府批准美化侵略历史的教科书,国会发表删除侵略表述的《战后60周年决议》,日本首相小泉纯一郎第5次参拜靖国神社,这些不友好的行为使中日关系降到冰点。但也是同年,《菊与刀》成为当年的畅销书,可见中国希望进一步加深对日本的了解。就在此后,《菊与刀》开始在中国遍地开花,许多译者参与到了翻译活动中,许多出版社都出版了不同版本的《菊与刀》。据不完全统计,到目前为止,已有40余位学者对这本书进行了翻译,市面上的汉译本数量达到了70余种。[1]

(二)提供跨文化研究的新思路

《菊与刀》一共由十三章组成,通过明治维新前后的历史、阶级制度、耻感文化、报恩、义理和人情、儿童教育等方面来跟欧美文化进行比较,研究日本的人格。日本人崇尚精神优先主义,认为死也是精神的胜利,对天皇无限的忠诚。阶级制度的存在,恪守自己的本分是日本人的美德。作为日本国民必须要有报恩意识,皇恩、父母恩、主恩、师恩,这些都是很重的负担。日本人在受恩时,怀有矛盾的心情。因为他们要对天皇尽忠,对父母尽孝,对工作尽义务。这些是不管怎么努力也不能全部还完的,在时间上也是无限的义务。日本人在受到别人的侮辱和诽谤时,有除去污名的义务,在他们看来,没有比义理更为难的东西了。义理和人情是对立的,报恩意味着牺牲个人的欲望和快乐。日本文化被称为耻感文化,耻是培养所有美德的土壤。日本人的所有这些矛盾性格,从他们的儿童教育成长环境可初见端倪。本尼迪克特运用她的"文化类型"理论给大和民族所勾勒的速写传神而鲜明,这也是她解读异己文化形态成功的范例。显然,《菊与刀》将文化的概念界定为一切生活方式的总和,分别从政治制度、社会分配、道德伦理、习惯民俗等多方面探讨了日本文化模式,"强调文化与社会实践相关的方面"。

---

[1]汤明月.西方学者的《菊与刀》研究史梳理与反思[C].厦门外国语言文学研究生学术论坛暨厦门大学外文学院第十研究生学术研讨会论文集,2017.

当然《菊与刀》的热销也不能否认其另一个重要的优点,即作者同时也在用这本书向美国人本身提出建议:

今天,我们对于各民族文化都有一些客观研究。对于"真正的尊严",不同民族有不同定义……一些美国人说,只有推行平等,日本人才能获得自尊。他们其实犯了一个错误,因为侵犯了日本民族的自我中心主义。如果美国人真的希望日本人拥有自尊,就必须对日本人维持自尊的文化习俗加以确认。……日本人只能在自己的文化基础上重建自尊,而不是在美国文化的基础上建立自尊。日本只能以自己的方式完善。

这段公式换去"日本"二字,是否填上那个国家都有效呢?或许这就是经典之所以为经典的缘故吧。文化相对主义的烙印跃然纸上,作者在研究中摒弃了政治目的的干扰与敌对态度,对异己文化所呈现出宽容与理解的态度无不体现一位人类学家所应有的专业素养。《菊与刀》不仅仅是研究日本文化的一面镜子,是学者研究本国文化和异己文化差异的典范,更是启迪我们要带有人类学独特的开放胸怀,持有各民族文化平等的态度进行跨文化比较研究。

(三)译者和出版方传播文化、打造精品的意识

商务版的《菊与刀》请了三位译者,一位是曾任天津社会科学院日本研究所所长的吕万和,另两位熊达云和王智新,是吕万和当时的助手,而这两位现在也是日本的大学教授,颇富声望。当时的翻译时间也并不长,据吕万和回忆只有半年。

当时的天津历史研究所一直想翻译几本日本的名著,一本是《菊与刀》,另一本是《武士道》。吕万和从评论"日本学"著作的日文书上发现,日本人非常推崇《菊与刀》,我国却长期没有译本。而天津历史研究所之前为商务译过《日本外交史》等日本著作,和编辑比较熟,同时商务的编辑也希望出点日本文化方面的书。两者就翻译出版本书达成共识。

天津历史研究所先在北京先找到英文原本,后来在日本找到日译本,翻

阅之后觉得日译本很好，也更方便翻译。于是他们先根据日文本译，再用英文原本校。如果不懂日文，从英文版直接翻译这本书，会比用日文版翻译困难很多，因为里面有很多日本专名，还涉及多种中文古书，不容易翻译准确。书名采用日译本，而不是英译本的《菊花与剑》。

商务印书馆虽然不是最早出版译本的出版社，但这是商务的好传统：他们任务重、挑选精、把关严。虽然1987年浙江人民出版社也有译本，且印数不少，但其实都是在吕万和翻译之后翻译的。不过商务不在乎一时的销路。虽然出版晚，印数不多，却坚持不断印，列入《日本丛书》，影响越来越大，多年后依旧重版再版。直至今日市面上仍然有吕译本销售。

（四）译本比较

由于有四十多个译者先后对《菊与刀》进行翻译，此处只选取几本销量多的译本进行比较。原文为英文版第一章第一段，此后罗列各版本相应译文，同时附上简评。

原文参考的是《菊与刀》（大师经典文库）（英文版）(English Edition)，第一章第一段如下：

The Japanese were the most alien enemy the United States had ever fought in an all-out struggle. In no other war with a major foe had it been necessary to take into account such exceedingly different habits of acting and thinking. Like Czarist Russia before us in 1905, we were fighting a nation fully armed and trained which did not belong to the Western cultural tradition. Conventions of war which Western nations had come to accept as facts of human nature obviously did not exist for the Japanese. It made the war in the Pacific more than a series of landing on island beaches, more than an unsurpassed problem of logistics. It made it a major problem in the nature of the enemy. We had to understand their behaviour in order to cope with it.

在比较各译文之前，先说明一个词语："The Japanese were the most alien

enemy"中的"alien",为 unfamiliar and disturbing or distasteful,意思是"不熟悉,不了解",而非大部分版本中的"琢磨不透""难以理解"。

1.《菊与刀》(增订版)(汉译世界学术名著丛书)吕万和等译,商务印书馆,2012年

译文如下:

在美国全力以赴与之战斗的敌人中,日本人是最琢磨不透的。这个主要对手,其行动和思维习惯与我们如此迥然不同,以致我们必须认真对待,这种情况在其他战争中是没有的。正如前此1905年的沙俄一样,我们作战的对手是一个不属于西方文化传统,而又充分武装和经过训练的民族。西方国家所公认的那些基于人性的战争惯例,对日本人则显然不存在。这就使得太平洋上的战争不仅是一系列岛屿登陆作战和困难卓绝的后勤工作问题,从而使了解"敌人的性格"成为一个主要问题。为了与之对抗,我们就必须了解他们的行为。

简评:最早的译文版本,奠定了该书的译文基本样式,例如"……战争惯例,对日本人则显然不存在"基本被其他译本所采纳,虽然读来有些别扭。但总体行文流畅,翻译准确。也是迄今为止出版重印次数最多的版本。

2.《菊与刀》(70周年纪念版),何晴译,浙江文艺出版社,2016年

译文如下:

在美国曾全力以赴与之战斗的敌人当中,日本人最令人费解。这个强大对手的行为模式和思维习惯都与我们迥然不同,以至于我们在作战时不得不多加小心。我们目前的处境就像1905年的沙俄,面对的对手全副武装、训练有素,同时完全游离于西方文化传统之外。有些战争套路在西方看来如同人性一样自然而然,对日本却并不适用。这一点使这场太平洋战争的困难之处不仅在于多个海岛登陆战,也不仅在于棘手的后勤保障,更关键的是了解敌人的天性。只有知己知彼,方能保证胜利。

简评:日本人并非"最令人费解",而是不熟悉,"令人费解"可能让人以为日本人不可理喻。"作战时不得不多加小心",不是要小心而是认真对待。

"战争套路"用词生硬,还是"战争惯例"较好。不好理解何为"敌人的天性",倒是能理解何为"敌人的性格"。

3.《菊与刀》(你不知道的社科常识——趣味系列)王颖、杜翠云译,天津人民出版社,2013年

译文如下:

美国曾经与日本发生全面战争,也跟其他劲敌国家交过手,但在所有这些敌人中,日本人的脾性最古怪,也最难琢磨。他们不但是强大的对手,而且行为和思维习惯竟然全都与我们截然不同。因而必须引起重视,认真对待,这在其他战争中从没出现过。我们跟此前1905年的沙俄几乎面临同样的问题,作战对手都是同一个民族,他们的传统不属于西方文化,但又经过充分的武装训练,甚至全民皆兵。在西方国家,人们对那些出于人道的战争惯例已经达成共识,但对日本人来说,这些东西显然毫无意义。如此看来,太平洋战争不仅是进行一系列的岛屿登陆作战,或者是克服困难卓绝的后勤补给,熟悉"敌性"也是一个重要课题,要想与日本人打仗,就必须先了解他们的行为习惯。

简评:译者尝试将原文内容表达清楚,所以译文在各版本中最长。几个关键词语翻译相对准确,但译文不够精练,稍显冗长。

4.《菊与刀:完整版》张娓莹、张俊彪译,国际文化出版公司,2010年

译文如下:

迄今为止,美国以往历史上历次举国而战所遇到的对手中,日本人是最难以琢磨的敌人。这是因为过去与大国交手进行作战时,还从来没有迫使我们考虑到对方在行动上和思想上有那么多令人费解、及其矛盾的习惯。在我们之前,沙俄曾于一九〇五年同日本进行过战争。我们与日本的战争,纯粹可以看作是和一个不属于西洋传统文化,而彻底武装起来加以训练的国家所进行的一场战争。被西方国家公认属于人类天性而普遍接受的战争惯例,显然不被日本人所接受。为此,在太平洋战争中,我们不仅要进行一系列海岸登陆作战,解决军队的输送、设营、补给等棘手的问题,更重要的是

要搞清敌人的性情。为了对付敌人的行动,我们必须要理解敌人的行动。

简评:译文反映出原文内容,但语句偏冗长,例如"在我们之前,沙俄曾于一九〇五年同日本进行过战争。我们与日本的战争,纯粹可以看作是和一个不属于西洋传统文化,而彻底武装起来加以训练的国家所进行的一场战争",英文原文单词数25个,译文字数75个。

5.《菊与刀》,汝敏译,北京联合出版公司,2015年

译文如下:

在美国曾经全力以赴对抗的敌人中,日本人是我们最不了解的对手。从来没有一场战争中曾有过这么一个主要对手,由于他的行为和思考习惯与我们迥异,以至于需要我们对他认真加以考虑。我们就像1905年的沙皇俄国一样,在和一个全副武装并经过严格训练的民族作战,但他并不是西方文化传统中的一员。被西方国家视为人类天性的战争惯例,很明显在日本人那里并不存在。正因为如此,在太平洋的战争并不仅仅是一系列海岸登陆作战,也远比那些后勤上几乎无法解决的难题更加严重。这些困难使得了解敌人天性成为一个主要难题,为了解决它,我们不得不去了解日本人的行为。

简评:基本翻译出了原意,但最后两句内容前后脱节,"这些困难使得了解敌人天性成为一个主要难题"中的"这些困难"指代不明,前一句中并未提到任何困难,实际上"这些困难"指的是"日本人不遵守西方的战争惯例"。

6.《菊与刀》("日本学"开山之源),北塔译,北方文艺出版社,2015年

译文如下:

美国曾与日本发生全面战争,发现日军与自己迥然不同。在与其他任何强敌的战争中,从来没必要考虑如此截然不同的行为方式和思维方式。跟沙皇俄国在我们之前(1905年)所遭遇的一样,我们与之战斗的日本是一个全民皆兵且训练有素的国家,这不属于西方的文化传统。西方国家业已接受的符合实际人性的那些战争惯例,对日本人而言,显然不存在。这使太平洋上的美日战争不仅仅是一系列岛屿滩头的登陆和无法克服的后勤补给问

题。我们得明白他们的行为方式,从而对付他们。

简评:句式尝试与较早的商务印书馆版本有所区别,可惜呈现出来的结果不甚理想。前后语句脱节,"我们与之战斗的日本是一个全民皆兵且训练有素的国家,这不属于西方的文化传统";删减了重要语句,"it made it a major problem in the nature of the enemy"。

7.《菊与刀》(唯一一本名家作序·慢读系列),张弛译,群言出版社,2015年

译文如下:

在美国曾经全力以赴与之战斗的敌人中,日本人是差异最大,最不为我们所了解的。有一个行动和思维习惯与我们如此迥然不同的对手,这在其他战争中是没有的,以至我们必须认真对待。正如1905年的沙俄一样,我们作战的对手是一个不属于西方文明,而又充分武装和经过训练的民族。西方国家所公认的那些基于人性的战争公理,对日本人则显然不存在。这就使得太平洋上的战争不仅是一系列岛屿登陆作战的问题,也不仅是困难卓绝的后勤工作问题。相对地,了解"敌人的性格"则是一个主要问题。为了克敌制胜,我们就必须了解他们的行为。

简评:"日本人是差异最大,最不为我们所了解的",其中"差异最大"可能引起误解,认为是日本人内部差异大,实际意思只是"最不熟悉"。"战争公理"中的"公理"在此处情境使用不太恰当,"惯例"更好。"对日本人则显然不存在",虽然意思完整,但语法上不严谨。

(五)六十年后如何再读《菊与刀》

不管在日本还是中国,对于《菊与刀》的现实意义都展开了激烈的讨论,既有赞赏之声也有批判之语。在时隔60多年后的今天,我们要如何阅读《菊与刀》,在探讨研究其现实意义的时候我们又应该注意什么?

1. 学习《菊与刀》的研究方法

本尼迪克特的研究方法被学术界公认为对人类学理论的一种成功的验

证,也是一个人类学家对民族文化行为所采取的一种独有现实性的个案分析态度的经典尝试。本尼迪克特是以相对客观的态度,立足异文化的日常生活,通过本国与他国的文化比较而进行研究的,这是她解读异己文化的成功支持,为我们研究异国文化提供了可行的方法。

本尼迪克特基于文化相对主义的立场,坚持用客观冷静的态度看待日本文化,这种坚忍不拔、宽宏大量的精神,保证了研究结果的客观性和科学性。她这种不苟求唯一解释的学术态度,终于使《菊与刀》成为历经半世纪风雨的经典之作。差异应当存在,我们要尊重差异,尊重他国文化和他国自己的看法,以客观宽容的态度研究他国文化。

本尼迪克特认为,无论是在原始部落还是在最先进的文明民族中,人类的行为都是从日常生活中学来的。一个人每天从生活中学习的,是社会的积累,是环境的要求。许多零星的似乎彼此不相关的小事,其实往往是社会文化大系统的构成部分。因此,在研究异国文化时,必须注意那些习而不察的事,找寻人们在日常生活中的行为所内含的前提。

本尼迪克特还运用了最典型的比较研究法,如日本人的某些观念与亚洲人(中国人、印度人)进行比较,与西方人特别是与美国人进行对比,得出了比较明显的文化差异。这种比较文化的方法,为我们以异国文化的角度去研究他国的文化提供了良好的范例,不仅能使我们更好地了解他人的文化,而且能使我们反观自身,对于我们了解自己与他人文化至今仍然是十分有效的。

2. 关注《菊与刀》的局限性

本尼迪克特的研究方法有许多值得肯定的地方,但也不是一点错误都没有,同时也存在着许多值得我们今天探讨的东西。本尼迪克特没有进行实地考察,研究对象只是文献和战时在美的日本人;对日本史欠缺正确的知识和了解,错误分析了许多资料。同时,她忽略了历史背景的探讨,把过去和现在混为一谈,把日本文化和民族性格作为静止的东西来看待,并未观察到日本人行为和思考方法中存在的相互矛盾要素有的是来自于历史的变化。

另外,她从一般观点建构"平均的日本人",忽视了社会阶层的分化,忽略年龄、阶层、职业的区别,而这些差别会带来行动和思考方法的差别。特殊时代、特殊群体的表现终究无法代替"普遍"。因此,我们并不能一味地盲目追随,盲目地相信本尼迪克特的分析全都是正确的,要以辩证的观点学习其研究方法和看待其得出的结论。

《菊与刀》里涉及的日本文化的基本特征,在本尼迪克特的年代、在那战乱时代,或许相当准确,而且在今天的日本社会里我们也许还能看到一些当时的影子。但是很多人希望通过这本书,去理解现在的日本人、现在的日本文化,这是不准确的。不能把历史设想成一成不变的东西。我们应看到,日本人和日本文化从古至今是在不断变化发展的。现在的日本和几十年前的日本,现在和平时代的日本和战时混乱的日本,已经有很大不同,日本社会已经出现了极大的变化。例如,现在日本的国家政治体制与战前的军国主义有很大的区别;经济高速发展,维持着世界第二大经济体的位置;旧有的村落社会的共同体结构已基本解体,来自欧美的国家观、社会观、生活观已渗透日本社会的方方面面。现在读《菊与刀》时,最重要的是把它历史化。我们必须以历史的发展的观点去看待日本以及日本文化。

3. 换个角度观察日本

清华大学历史学系教授刘晓峰在《关注日本哪只能看〈菊与刀〉》一文中说到:"在二战结束半个多世纪后,当要了解日本的时候,读者们可以依靠的仍旧是60年前美国人写成的《菊与刀》。这至少在某一层面上说明,我们的日本研究工作没有做到家。……60年后《菊与刀》在中国的畅销,告诉了我们什么?我想,这一现象在告诉我们,历史在呼唤站在东方的立场,站在中国立场观察的日本论,在呼唤包含着我们对于战后61年日本社会发展演进的历史进行综合认识的日本论。是中国的日本研究者们静下心来进行反思和讨论的时候了。"

确实如此。常说"日本与中国一衣带水",但对于这个与我们交往了两千多年的近邻,我们却感到那样的陌生,对于"日本人到底是怎么想的"我们却茫然。对于我们身边的这个邻居，我们缺乏系统的、科学的、经得起历史检验的研究成果。这直接影响了国人对日本文化的真正理解。尤其是近年来，中日关系出现了许多复杂的问题，为了解决这些问题，打开中日胶着的局面，我们首先要了解日本人，了解其行动背后的性格及思考方式。而仅仅通过一本《菊与刀》是远远不够的，《菊与刀》仅是60多年前一位西方学者眼中的日本，它始终是站在美国的立场以美国的观点来观察日本，有些地方并不符合现今中国的立场。因此唯愿中国的学术界能够站在中国的立场观察日本，站在学术的高度剖析日本，写出真正属于我们当代中国人自己研究日本的名作。

四、精彩阅读

　　一个严肃的观察家在论及其他非日本民族时，是不大会既说他们彬彬有礼，又加上一句说："但是，他们又很蛮横、倨傲。"他也不会既说该民族无比顽固，又说："但是，他们又及适应激烈的革新"；也不会既说该民族性格温顺，又说他们不轻易服从上级的控制；也不会既说他们忠诚、宽厚，又宣称："但是他们又心存叛逆，满腹怨恨"；也不会既说他们本性勇敢，又描述他们如何怯懦；也不会既说他们的行动完全出自考虑别人的评价，即自己的面子，又说他们具有真诚的良心；也不会既讲他们在军队中接受机器人式的训练，又描述那个军队的士兵是如何不服管教，甚至犯上作乱；也不会既讲该民族热诚倾慕西方文化，又渲染他们顽固的保守主义。他不会既写一本书，讲这个民族如何普遍爱美，如何对演员和艺术家给予崇高荣誉，如何醉心于菊花栽培，又另外写一本书来补充说，该民族崇尚刀剑和武士的无上荣誉。

　　　　　　　　——节选自《菊与刀》第一章　任务　研究日本　第1页

　　"恩"是债务，而且必须偿还。但在日本，"报恩"被看作与"恩"全然不容的另一个范畴。在我们的伦理学中，这两个范畴却混在一起，形成中性词汇，如 obligation（义务、恩义）与 duty（义务、任务）之类。日本人对此感到奇怪，感到不可理解，犹如我们对某些部落在有关金钱交往的语言中总不区分"借方"与"贷方"感到奇怪一样。对日本人来说，称之为"恩"，一经接受，则是永久长存的债务；"报恩"则是积极的，紧如张弦，刻不容缓地偿还，是用另一系列概念来表达的。欠恩不是美德，报恩则是懿行。为报恩而积极献身之时就是行有美德之始。

——节选自《菊与刀》第六章　报恩与万一　第105页

日本人常说，"义理最难承受"。一个人必须报答"义理"，就像必须报答"义务"一样。但是，"义理"所要求的义务和"义务"所要求的义务分属不同的系列。英语中根本找不到与"义理"相当的词。人类学家从世界文化中所发现的一切奇特的道德义务范畴中，"义理"也是最奇特的一个。它是日本所特有的。"忠"与"孝"是日本和中国共有的道德规范，日本对这两个概念虽有些改变，但与其他东方各国所熟悉的道德性要求仍有某种渊源类似点。"义理"啧既与中国儒教无关，也非来自东方的佛脚。它是日本独有的范畴，不了解义理就不可能了解日本人的行文方式。日本人在谈及行为的动机、名誉以及他在本国所遇到的各种麻烦时，都经常要说到"义理"。

——节选自《菊与刀》第七章　义理最难承受　第122页

退步集

陈丹青

畅销书案例分析 12

《退步集》

宋晓璐

一、图书基本信息

(一)图书介绍

书名:退步集
作者:陈丹青
开本:32开
字数:280千字
定价:38.00元
书号:9787563351398
出版社:广西师范大学出版社
出版时间:2005年3月

(二)作者简介

陈丹青,1953年生于中国上海市,毕业于中央美术学院,画家、文艺评论家、作家。1970—1979年至赣南、苏北下乡插队,1980年以《西藏组画》震动中外艺术界。2000年,陈丹青回国并受聘于清华大学美术学院,担任教授及博士生导师,后因难以认同中国大学体制而辞职,其举引起社会争议。除了在艺术上有所造诣,陈丹青也是一位多产的文学作家,已出版《退步集》《退步集续编》《多余的素材》等书。

二、畅销盛况

2005年3月,《退步集》由广西师范大学出版社出版,这本收录了陈丹青归国近五年来部分访谈及评论作品的散文集,以大胆辛辣的文风闯入了人们的视野当中,其讨论话题包含政治、城市、教育以及美术等多个领域。在《退步集》出版之前,陈丹青出走清华大学美术学院的消息引发社会热议,辞职原因是其本身与美院内部的教育方式、行政举措难以相适。因此《退步集》甫一出版,便一时间引起了大众、纸媒以及文化工作者等多方探讨,仅2005年便一口气卖出20多万册。《退步集》曾获得一系列优质奖项:2005年,获得《新周刊》新锐榜年度图书奖,《新周刊》评此作品"为画家陈丹青的杂文访谈集萃。该书辑录陈丹青归国五年来的部分文字,话题涉及绘画、影像、城市、教育、自云'退步',语涉双关,始末不可理解为对百年中国人文艺术领域种种'进步观'的省思和追询。作者的文字观察敏锐,细节刻画尤其生动"。2007年,《退步集》获得国家图书馆文津图书奖。

自2005年至今,《退步集》的销售热度依旧不减,截至2016年7月,连续重印超过20次。长年以来,《退步集》始终盘踞在各大网络书店榜单,而在各类网络优质书单推荐中也能常常见到这本书的身影。其常销现象的背后,在于陈丹青的文字与对现实的批判能够深刻地在读者的心中敲响共鸣的钟声,且经久不衰,屡屡能够激荡起不同时代读者的回响。

三、畅销攻略

从2005年至2018年的14年间,《退步集》不断重印,且始终在各大图书销售网站的排行榜中有着一席之地,成为代表广西师范大学出版社文化面貌的重要图书之一,说明《退步集》不仅在一开始便得到认可,且经受得住时间的考验。有关《退步集》畅销原因的分析,本文将从四个方面出发。

(一)作者的个人魅力

作者的影响力是构成消费者购买动机的重要因素之一,对作者的了解、好奇以及与作者"交流"的渴望使得消费者们乐意为他们欣赏的作家掏腰包,具有一定社会影响力及个人魅力的作者本身就能够作为出版社保证销量的底气。当下,我国出版产业正迅速兴起的、围绕某一作家个人打造全媒体IP产业链的出版思路便是基于这一原因。

《退步集》的畅销,与作者本身的个人魅力不无关系。陈丹青的个人魅力可以从他的三个身份说起,即画家、批判者和作家。

首先,作为作家的陈丹青,还有着另一个更为瞩目的身份——画家,准确地来说,陈先是一个画家,然后才是一个批判者和一个作家。陈丹青为中央美术学院出身,"文化大革命"时期,他作为下乡知青依然保持着作画练习的习惯。20世纪80年代,他的油画作品——共七幅的《西藏组画》引起了强烈的国内外轰动,因其抛弃了传统的欢歌笑语、歌颂祖国的藏民形象,取而代之的是他们深沉、悲戚而颇具现实主义风格面孔。批判现实——是陈丹青的画作留给大众的第一印象。正如他的肖像照一样:穿着一径的黑色,一双含怒的大眼睛透过圆眼镜直视着对面,嘴唇紧紧抿着。也正是凭借《西藏组画》,陈丹青在中国的艺术地位开始受到认可,逐渐走向公众所熟知的领域。

其次,作为批判者的陈丹青。继《西藏组画》后,陈丹青再一次深陷舆论的漩涡是在2004年,即《退步集》出版的前一年。这一次,他的身份是清华大学美术学院的离职教授。引发陈丹青离职的原因,是一项备受舆论所关注的社会议题——大学行政化。陈丹青在答上海《艺术当代》的编辑部问(此篇作题为《绘画、图像与学术行政化》一文收录于《退步集》中)时,对中国大学中的"学术行政化"、"行政思维"大加批判,对大学乃至整个社会所风行的行政主义直言不讳地批判——"行政地位决定学术地位,行政手段推广文艺,大家习以为常,而今日的行政学术化超过以往任何时期,因为直接关系到生存:得奖、评级、学位、晋升、分房、加薪……非同小可。我写发言稿一再警告自己别扯远了,可是顺着写下去,深感问题不在学术,而在生存。"[1]

最后,作为作家的陈丹青。陈丹青的文笔辛辣锋利,对美术研究、文学评论皆有涉猎,具有鲜明的个人特色,是一位受到大众认可的作家。以豆瓣读书为例,读者对陈丹青文学作品的评分平均稳定在四星以上(满分五星)。如果说最初一批购买《退步集》是基于其话题人物身份的影响而购买此书,那么在2005年后的读者们,则更多的是在此基础上更添加了几分对作者的信赖。

(二)内容有锋芒,是对时代的追问

针砭时代,有所反思,是《退步集》吸引读者眼球的另一原因。《退步集》收录的是陈丹青在2005年以前的约稿、发言、访谈及评论等,共编辑成六大部分,为绘画、访谈、城市、评议、影像和教育。选取其中几篇文章的题目,不难看出陈对中国发展现实的深刻反思:《摄影在中国》《城市建设与历史记忆》《建筑设计与行政文化》《媒体、大众与神话》《消费不是奢侈》《绘画、图像与学术行政化》。为什么这些话题能引起社会的震动与共鸣?在这里,我们不妨以时间划分的方法,通过对1978—2005年的《退步集》前出版时期以及2005—2018年的《退步集》出版后时期的简述,来对《退步集》所引起的时代共鸣进行分析。

1978年我国改革开放,中国的历史从此翻开了新的篇章。高楼平地而起,城市化进程飞速提高。此外,在前一年我国正式恢复高考制度,掀起了人才选拔的热潮,从1978年到千禧年初,我国的社会生活发生了翻天覆地的变化。20世纪80年代中国文化理论界掀起思想浪潮,争鸣不断,我国不少边缘性及交叉性学科也在此时诞生和逐步发展成熟。在这一过程中,理论问

---

[1]陈丹青.《退步集》[M].桂林:广西师范大学出版社,2005:110.

题落地为实践问题,探讨主体亦从小众的文化学者们下移至普通大众。对城市规划、教育制度等新时代话题的追问和迷茫成为大众舆论的焦点。陈丹青的《退步集》的出现正与大众的迷茫相契,换另一种说法,读者们正需要着这样一部作品的出现。

2005—2018年是中国互联网起步及腾飞的时间段。随着互联网社区的崛起,以博客和微博为代表的网络社交空间成为公民舆论的主阵地,对民主、教育、城市、社会文化等话题的讨论愈演愈烈。我们可以看到,《退步集》在不同的社会背景下,不但没有为时代所淘汰,反而历久弥新,因其内容总览,并不是对某一特定历史时期某一特征的小打小闹,而是对大量长久以来存在于中国的社会问题进行历史上和现实下的追问。

中国的教育问题以及中国学生是陈丹青书中重点关注的对象,也同时是经久不衰的社会议题。从《退步集》《退步集续编》再到《荒废集》,读者们能够发现对教育的反思以及对青年学生的指导和关爱是陈丹青始终贯一坚持下来的关注焦点,他在作品中多次提及与年轻人的交流对话,并从中生发出对通识教育的回归呼唤以及对实用教育的强烈批判,对陈丹青教育思考有研究探寻之心的读者们,不可能避开《退步集》一书,因其在写作过程中同样伴随着思想的成长。这一个性化的坚持以及其背后所具备的社会意义也推动了《退步集》一书由畅销转为长销。

(三)书名与封面的不俗

加拿大莫塞克出版社社长霍华德·阿斯特曾说过一句话:"八秒钟就能够决定一本书的生死。"这句话背后是否存在着强有力的数据支撑还是仅仅是个人出版经验的总结不得而知,但至少提供给我们这样一个事实:在一家书店(不管是线下还是线上),消费者的注意力很有限,在不了解作者和内容的前提下,他们决定是否要购买一本书所需要花费的判断时间是极短的。这牵扯到的便是书籍的"外表",即书名、书腰及封面等能够给读者提供直接信息的要素。在这里,我们仅对封面与书名展开讨论。

《退步集》采用平装版本，深墨蓝色的纯色封面上，于右上方印刷银色毛笔字体的"退步集"三个字，除此之外别无其他。这其中经历了小小的调整：在最初印刷的几版中，右下方还印刷着灰蓝色的陈丹青人物剪影，而在后续至今的版本中，这一剪影被转移至书腰之上，使得封面达到了极致的简单，书的气质以朴素、低调为主。这一封面设计一直延续至今，很重要的一点便在于纯色耐得住不同时期审美的考验，也正因此，《退步集》的封面成为一个经典的"形象"，使人印象深刻。

《退步集》的书名取"退步"二字，作者在《退步集》开头的自序中解释了这一原因：在某一次与年轻人的座谈中，他收到了一张匿名年轻人写的字条，上面写着："陈老师，你这样说来说去有什么意思呢？你会退步的！"这句话令陈震动不已，他写道："我真心谢谢这匿名的年轻人。我虽不曾怎样进步过——广义而言，'进步'之说原本即可疑——但我因此记住了'退步'两个字，顺便移来作题目，送给这本书。"知名词作家林夕曾表示，"退步"这一书名令他心有戚戚。林夕说："大部分人都患上了进步强迫症，忘了顺其自然，让目标若有若无……"书名是一本书最直接的表意符号，是什么在"退步"？"退步"二字暗示了与现实中所谓"进步"概念之间存在着某种模糊不清的矛盾隐喻，令读者浮想翩翩。如今，"丧文化"在社会人尤其是年轻人中倍受欢迎，用消极厌世的态度消解身份和地位的焦虑成为当今社会人宣泄压力的主要方式，"退步"这一颇具负面影响的标题正好恰逢其时地击中了时代焦虑患者们的敏感点，使人不得不是新时代的社会文化给予了《退步集》以持续畅销的土壤。

（四）作品联动

除作品本身所激发的购买欲之外，《退步集》与陈丹青其他作品联动所产生的购买刺激同样值得一提。除《退步集》外，广西师大出版社先后出版多部陈丹青的作品，包括《退步集续编》《纽约琐记》《草草集》《多余素材》《无知的游历》《谈话的泥沼》《笑谈大先生》《荒废集》《陌生的经验》，均取得不错的销量成就。

以2007年4月出版的《退步集续编》与《退步集》的关联为例。作为《退步集》的延续，这本书甫一上市便备受关注，登上各家书商销售排行榜前列，在豆瓣上读者评价不俗。《退步集续编》的出版畅销直接刺激了《退步集》的销量，通过《退步集》认识陈丹青的读者不少会选择继续购买《退步集续编》，而购买了《退步集续编》的读者们反过来又会对《退步集》产生好奇，如此良性循环，也推动了《退步集》长期稳定的销售状况。

除图书作品之外，陈丹青还参与跨界合作，主持解说艺术类网络节目。近年来，由公共知识分子所主持的文化普及类网络节目收到了观众们的青睐，以高晓松、梁文道及窦文涛等学者所主持的《晓说》《圆桌派》等为代表的文化脱口秀节目纷至沓来。2015年和2018年，陈丹青主持由土豆和理想国合作打造的"看理想"节目之一《局部》，高质量的艺术作品讲解及独到有内涵的解说风格使得《局部》广受好评，再次将陈丹青推向大众视野。

其他出版作品与节目作品所形成的影响力，对《退步集》的销量刺激颇有贡献。目前，网上书店逐渐开始采取将同一类图书或同一作家图书放在同一页面销售的联动举措，对于刺激销量大有裨益。

（五）品牌塑造

图书的品牌，往往成为一位读者选择购买的品质保证。根据现代营销学之父、经济学教授菲利普·科特勒的看法，品牌"是销售者向购买者长期提供的一组特定的特点、利益和服务。"品牌形象的树立，有利于企业与消费者形成良好、稳定而长期的买卖关系。因此无论是在什么样的领域，对品牌的打造、形成值得信赖的企业形象都是企业工作的重要组成部分。

《退步集》的出版者广西师范大学出版社，近年来在业内及更广的社会领域塑造了精准的人文社科图书出版者的形象。其创办的图书品牌"理想国"，以"想象另一种可能"为口号，旗下作家包括陈丹青、许倬云、朱赢椿等，出版了大批精美优质的社科人文图书。而创始于2013年的另一文化品牌

"新民说"则以"成为更好的人"为理念,出版关注历史现实、关注公民道德成长过程的相关书籍。以广西师范大学出版社集团公司社长何林夏的话来说,他们希望提供一个"交流的平台,尽量包容百家,让不同观点都有展示的机会。"在这里我们可以顺带一提"新民说"的品牌理念发端——"新民说"三字取自梁启超于1902年至1906年发表在《新民丛报》的政论文章,在文章中他提出了振聋发聩的"少年强则中国强,少年富则国家富"宣言,强调了青年人的重要性。而这一点也正与陈《退步集》中对青年人的关注理念相契合。

如今,广西师范大学出版社成功地在大众读者心中构成了坚固的品牌质量信赖感。因此,由广西师范大学出版社出版的《退步集》也使得消费者产生了品牌信赖的情感,对广西师范大学出版社形象的好感同时投射到《退步集》之上,这也成为推动《退步集》销量增加的一大原因。从某种意义上来说,这里的品牌塑造与上文所介绍的作品联动有着相辅相成的关系,陈丹青的《退步集》除了能与自身的作品产生联动,还能够与广西师大出版社所建设的品牌下方的出版作品产生联动。

(五)总结

《退步集》初版的2005年,网络渠道远不如今天这样发达,全媒体运营的概念尚未形成,而这本书的畅销能够一直延续到今天,靠的不是成功的产业链开发,更多是依靠其内容的扎实以及广大读者的口口相传。以豆瓣读书中《退步集》的词条为例,近两万人评价,豆瓣评分8.1,是对《退步集》内容的认可;有关《退步集》的短评共计3700条,长书评278篇,对该书的文章进行了高度赞扬。正如《退步集》责任编辑刘瑞琳所言,陈丹青的《退步集》"克服了这个时代",其成功通过时间的考验,是优质畅销书转常销书的最佳例证。如何判断一本书是否具有常销的潜力,或者说如何促成一本书从畅销转为常销,我们能够从《退步集》的案例中得到以下启示:

1. 经得起时间考验的优质内容是长销书的根本

在每一个历史时期,都有为了迎合时代而创作的畅销作品。它们在某一个时间段满足了读者的阅读需要，但由于内容肤浅，最终被冲入历史的浪潮中，不为人知。最具有代表性的便是15—16世纪流行于欧洲的骑士小说，这类以骑士贵族为主要描写对象的文学作品，通常描写主人公孤独骑士与美人之间的浪漫爱情故事，在一段时间内确实受到各阶层读者的追捧，如《阿马迪斯·德·高拉》《骑士法西尔》《埃斯普兰迪安的英雄业绩》等，都是名震一时的畅销小说。但由于这类小说的内容大量重复且流于俗套肤浅，艺术价值低，最终为历史所淘汰，反倒是17世纪由西班牙作家塞万提斯创作的反骑士小说《堂吉诃德》得到了传世。这部经典作品描写了普通平民阿隆索·吉哈诺由于沉迷于中世纪骑士小说而做的种种匪夷所思行径的故事，揭示了不切实际的理想与现实之间的残酷矛盾，并通过现实主义写作手法构建了一个充满殖民色彩的故事背景，更重要的是，为我们留下了堂吉诃德和桑丘这两个极富特点和争议的文学形象，其文学地位及社会意义在当代语境中依然饱受肯定。

《退步集》的内容，虽不及《堂吉诃德》卷帙浩繁的几十万字，但却是作者陈丹青在千禧年上下几年、社会巨变时期的敏感反应。文中所揭露的各种社会问题并不是特殊矛盾，而是在每一个历史发展时期都可能遇到的普遍症结，其笔下所写所绘，虽然已过去十四年，却依旧无比动人、引人深思，这便是《退步集》成为畅销书的根本原因。

2. 抓住有"符号"潜力的好作家

读者群的培养、稳定销量的保证离不开作者本身的影响力。一般来说，在同等条件下（作品文字水平、题材、篇幅、装帧等）有知名度作家作品的销量要高于不知名作家。所谓具有"符号"潜力的作家，即指有独特个人写作风格和个人理想信念，在读者心中具有丰满形象的作家，最明显的便是治病救人施烈药的鲁迅。陈丹青虽不可与鲁迅比肩，但其文章言辞之激情、心绪之恳切，以及他身为画家所具备的审美眼光和丰沛学识，都使得他在大众心中更为立体，以致到今天陈本身成为一个类似"符号"的存在，作品得到肯定。

面对这种作者,出版社要坚持与他们维持关系,抓住与他们长期合作的机会,我们不妨展开详述陈丹青与《退步集》责任编辑刘瑞琳之间的合作情谊。刘瑞琳是"理想国"品牌的创始人,曾任山东画报出版社副总编。2002年,还在山东画报出版社的她找到了刚归国不久的陈丹青,非常认可陈丹青作品中的社会价值及文学价值,并出版了陈因为"敏感原因"而屡屡被拒的作品,即后来的《多余的素材》。在后来长达十几年的时间里,两人始终保持着良好而坚定的合作关系,陈丹青甚至曾放言称刘瑞琳"就是我的出版社"。这种被作者欣赏和绝对信赖的机会非常珍贵难得,一旦被出版人所遇到,一定要紧紧抓住。陈丹青实现了他的承诺,他此后近二十年在大陆出版的几乎所有作品都由刘瑞琳所负责,这也因此使这些出版物无论从文章风格还是装帧风格都保持了一贯性,为读者购买甚至收藏提供了极大的便利。

3. 产品繁衍很重要

当某部作品取得了一定的市场号召力后,出版社不可以任其发展,而是要乘胜追击,在保证质量的情况下推出同类型图书,甚至打造出系列品牌,实现抢滩市场的目标。

《退步集》出版的几年后,陈丹青又先后出版《退步集续编》《笑谈大先生》《荒废集》《草草集》《谈话的泥淖》等,这为陈丹青的作品形成长销优势做了不错的铺垫。这样的优秀案例在出版界中不乏其身影,以商务印书馆的"汉译世界学术名著丛书"为例,作为商务印书馆最负盛名的社科学术丛书品牌,该丛书从20世纪80年代开始编辑,翻译出版几百种各国优质学术作品,为我国读者拓宽视野、了解国外先进学术思想做出重要贡献,在出版界具有划时代的价值地位。截至2016年年末,"汉译世界学术名著丛书"已推出15辑650种作品,内容涉及哲学、政治、法律、历史、地理以及语言等人文社科领域,对作品的悉心选择以及高水准的翻译成品,使得该丛书成为商务印书馆编辑智慧的纯粹结晶,也是我国社会主义精神文明建设道路上光辉灿烂的一笔。《退步集》以及其后续作品的连贯发展、"汉译世界学术名著丛书"的精彩事例无不启示着我们:繁衍产品,实现可持续发展的重要性能够大大提高畅销转长销的潜力。

4. 不过于迷信"营销第一"

随着转企改制的完成,出版社经营自负的共识已然形成,出版物的营销已经逐渐成为各出版社所最为重视的出版环节之一,一些编辑甚至养成了"文稿未到,营销先行"的出版习惯。本文认为,这其实是一种在经济效益与社会效益的选择中均衡失当的表现。作为保证经济效益的重要条件之一,对营销的器重有其合理性及正当性,但出版业始终是文化创意产业,其产品有着"既是精神产品又是物质产品"的特殊性,这要求出版人要对自己的工作负责,首先就要对作品的内容进行鉴定评价,判断其品质优劣,才有了后续的营销和推广。

《退步集》没有大张旗鼓的宣传,没有铺天盖地的造势,其畅销乃至长销的背后并非以营销为第一功劳,而更重要的是扎实深刻的作品内容。不过于迷信"营销第一",同样也是出于成本的考虑。一些不错的作品,本来可以获得较好的收益,却因为责任编辑强调营销付出了大量成本,纵使销量不错,但总体来说仍然收效甚微,这便是用力过猛的失误。对于大专题大看点的作品,如中信出版社营销《乔布斯传》、三联书店营销《邓小平时代》,我们不否认其营销声势之宏大,但也绝不能因为这样就称它们为"营销第一",因为与这些作品出版背后编辑人员们在编辑加工、整体设计等方面付出的努力相比,营销实在难以担得起"第一"之头衔。不迷信"营销第一"不意味着要求编辑放弃营销,适当的营销是有必要的,但要在过程中把握分寸,精准选择宣传的媒体和读者对象,只有用对了巧劲,才能实现社会效益与经济效益的双丰收。《退步集》的长销,尤其是后续的十年已少有营销的参与,这也是长销书的一大特征。综上所述我们可以看到,正是丰满的作品内容、可持续的合作发展以及对出版环节地位轻重之权衡等因素的综合作用,才使一部部作品从畅销转为长销,最终形成一股涓涓细流,持续不断地滋养着出版社。

四、精彩阅读

注：2001年，贸然答应上海《艺术世界》开办专栏一年，照例不知写什么，于是请读者月月来信，相与闲聊。这里摘取的是最末一期，事后给别家报刊转载，编者存心耸动，取文中一句话为题，沿用如上。今年见《南方周末》一篇质疑"外语教育"的长篇专文，作者的议论比我专业多了，极有说服力，大约三点：一、外语教育的定位与初衷，大可存疑；二、外语教育推行即久，并未奏效；三、外语考试于"教育法"无据。社会上则另有二说，一是个别大学已自行制定相对灵活的外语考试措施，一是国家拟针对不同学科局部改革外语考试制，改以"语言考试"，重视中文检验，外语仅占少数考分，聊供参考云。但以上均属"听说"，无处求证。目下，我所接触的各地艺术学生，一如既往，为外语教育戏耍作弄，苦不堪言。

近日感冒，嚏涕交加，泡杯热茶，又得给"交谈版"按期写字了。今次是我末一回在这栏目上胡说，索性借这小小的版面，谈论艺术教育。年内至少有十几封来信指责今日的艺术教育，而我目前的角色正是一名教员。教员又怎样呢，就我所知，关于教育的批评必定无效的，我也不过空谈，唯其空谈，但愿不致被删除吧，以下摘录四位读者的意见——青岛市一位称我"伯伯"的麟麟说：现在的美术学院高考是不公平的，是一种模式，流水线制造人才，误人子弟。许多启蒙者关注这一问题，但难改中庸，仅是"关注"。湖北的李青雷说：最愤恨的是中国的艺术教育，一边说艺术如何如何，一边又不改革！江苏的立人说：小生不才，承蒙现有的优越的教育制度所赐，暂且无缘接受高等教育……福建的吴晓帆说：我为中国的艺术教育感到悲哀与愤怒。有天才的人总是被那可叹的分数拒之门外。想象力是无法培养的，而艺术最最需要的想象力早已被我们"伟大"的"应试教育"扼杀光了，那些考试真正公平吗？考生中有几个真正钟爱艺术？这个时代的人缺乏梦想与追求，找个好大学，找个配偶，生孩子，再让孩子接受应试教育，浑浑噩噩过一生……学院的教条主义培养出一拨拨所谓美术工作者，但谁是艺术家？

这几位读者显然都是少年,青春大好,前途无量:"无缘接受高等教育"的立人,电脑来信工整清洁;自称是高中生的吴晓帆,钢笔字相当漂亮,落款加签的英文"YOURFRIEND",更是龙飞凤舞,比美国孩子的英文书写还风流……偏是这样的岁数,总要叫喊"悲哀"、"愤怒"、"不公平"。他们说得对不对?那是落榜者的怨言吗?他们的际遇能否代表其他人?假如有哪位好学生出面反驳,为当前艺术教育描绘另一幅美好图景,我极愿倾听,但我同情与我交谈过的各地艺术院校校内校外的许许多多年轻人。回国教学以来,我的感受是:90年代艺术学院的教育,远不如80年代,远不如"文革"前十七年,甚至远不如艺术学院全部关闭,但艺术教学并未窒息的"文革"十年——在那些年代,我们对学院无比向往,对艺术满怀信念。中国自"五四"前后创办艺术学院迄今,八十多年过去了,我们的艺术学院从未像今天这样臃肿庞大,像今天这样充斥办学的教条。

许多人士、许多专著,都在诊断中国当代教育的大病,去年北京教育学家杨东平先生送我一本他所编辑的书《我们有话要说》,所有篇幅均对当代教育的种种错失与斑斑恶果,剀切痛陈。然而大病既久,仿佛无病:我确定,那些文字在目下空前"繁荣"、高叫"改革"的教育大局面前,只是风中的杂音。别的科目、大学究竟怎样,我不清楚,以我任教的见闻,现行教育政策强加于艺术学院的种种规章制度,只在变本加厉。变本加厉是为了什么呢,当然,是为了"加速教育改革"、"完善教学管理"、"振兴人文教育"……我猜,杨先生的书,应该更名为"我们无话可说"。

我们无话可说。百年来中国最优秀的艺术家倘若活在今天,正当就学年龄,将会怎样挣扎?——天生下湖南齐白石、安徽黄宾虹,必须在今日"考前班"通过愚蠢的石膏素描与水粉画测试才能获得"国画"本科生准考证;天生下我们的徐悲鸿林风眠,必须呈交超过所谓四级或六级外语考试分数,才能在中国境内报考油画专业——且慢,潘天寿、傅抱石、梅兰芳、于是之、刘诗昆、侯宝林、常香玉、李连杰之流,今天想要求师收徒吗?好!管你是画国画唱京戏演话剧弹钢琴说相声敲大鼓翻筋斗,统统必须考外语!他们的朝气、性情、才华与想象力,是在就学期间不断填满各种学时学分,预备日后的"考研""考博",否则不可能以本科学历换饭吃。徐悲鸿著名的人生信条不是"一意孤行"吗,我们且看他将怎样被今天的现实击得头破血流:这一切仅仅是开始,他们必须交付至少五到十年的青春,编一份真真假假虚虚实实的专业履历,明里暗里疏通无数关节人事,有心无心耍弄许多实出无奈的上策下策,才可能混到个"助理""副高""正高",住进一居室、二居室、三居室,揣着附有头衔的名片,混得像个人样子。以他们的天资,很可能通过节节考试,但哪来时间专心致志发奋作画?以他们的毅力,很可能照样作品迭出,但所谓"量化管理"要的是表格,不是艺术;以他们的才华,很可能发财致富,但恐怕不是我们所见到的境界;以他们的抱负,或许在行政地位上脱颖而出,但休想对我们口口声声"中华民族"的艺术,乃至文化有所作为;以他们的性格,必定不甘受制,那么,我们试来设想他们在今天会被置于怎样的处境?

——节选自《退步集》 第365页

我们仨

杨　绛

生活·读书·新知 三联书店

畅销书案例分析 13

《我们仨》

赵文文

一、图书基本信息

(一)图书介绍

书名:《我们仨》
作者:杨绛
开本:32开
字数:90千字
定价:23.00元
书号:9787108042453
出版社:生活·读书·新知三联书店
出版时间:2003年7月

(二)作者简介

杨绛(1911—2016年),本名杨季康,江苏无锡人,中国女作家、文学翻译家和外国文学研究家,著名学者钱钟书的夫人。毕业于东吴大学,清华大学研究生院肄业。1935年与钱钟书结婚后共赴英国、法国留学。1938年秋回国曾任上海震旦女子文理学院、清华大学外语系教授。1954年后任中国社会科学院外国文学研究所研究员。主要作品有剧本《称心如意》《弄假成真》，长篇小说《洗澡》。散文及随笔集《干校六记》《将饮茶》《杂忆与杂写》《我们仨》《走在人生边上——自问自答》等，译作《堂吉诃德》《吉尔布拉斯》《小癞子》《斐多》等。

二、畅销盛况

据开卷对全国图书零售市场监控的数据统计，《我们仨》一书在2016年年销量89万，2017年年销量75万余，累计销量约200万。之所以出现如此急骤的变化，与2016年5月杨绛逝世这一消息密不可分。被民众普遍接受的一个情结便是——以重温其作品的方式，来纪念名人的逝世。其实，早在初版的2003年，这本书便引发过一时的轰动效应。责任编辑冬晓（董秀玉）回忆道，鉴于杨绛夫妇的影响力，这本书本来准备首印20万册，后来由于出版社谨慎考虑，仅首印了3万册。而这3万册在12天内便销售一空，一直到半年后的2004年2月，发行部提供的数字仍保持"一个月内发书6万册"。在2003年，《我们仨》共发行了47.5万册。并迅速登上各大书店畅销榜的榜首。

媒体将这本书列为"2003年最感人的书"，新浪网发起的2003年度精品图书，《我们仨》位居网络读者投票第一名。不只在大陆如此，这本书也被台湾"中国时报"评选为"2003开卷好书奖"中文创作类的第一名，评委会的评语是："92岁高龄的杨绛，以平和笔调记录了她与著名学者钱钟书先生及女儿钱瑗相守63年的人生经历，让读者与她一同沉浸于苦难与幸福、快乐与忧伤交织的人生实境中。书中收录了三人往来的文字、书信与图画，不仅如梦似幻地道出挚情难断的依恋，也在清丽幽默的文字中浓缩了近半个世纪以来中国读书人深邃厚重的人情及正直清朗的操持。"

15年过去了，《我们仨》每年还在重印，早已成为长销书。2016年杨绛的离世将它带到了新的销售高峰，促使其成为2016年最畅销的传记类文艺图书,2017年热度依旧不减,同类书中仅次于《习近平的七年知青岁月》。作者本身的知名度、平和质朴的语言魅力、优秀的装帧设计等,都促成了这本书持续畅销的内在生命力,一直成长为图书业长销不衰的常青树。

三、畅销攻略

(一)名人效应是关键

1. 女先生的社会影响力

在近现代,"女先生"是对德高望重、有突出贡献的杰出女性的尊称。如宋庆龄先生、冰心先生、杨绛先生。回顾杨绛一生的成就,将其列为近现代屈指可数的女先生中的一位,她是当之无愧的。她通晓英语、法语和西班牙语。她早年创作的剧本,《称心如意》《弄假成真》《游戏人间》等相继在上海公演,风靡一时,《称心如意》被搬上舞台长达60多年,到2014年还在公演;她翻译的《堂吉诃德》,被公认为最优秀的翻译佳作;她1981年发表的《干校六记》,已有三种英语、两种法语和一种日本译本;1984年,她写的《老王》被选为初中教材;她93岁时出版的散文随笔《我们仨》,风靡海内外,再版达百万余册;96岁时出版的哲理散文集《走到人生边上》;她一生勤勤恳恳、笔耕不辍,即使在晚年,读书写作也从不间断。

她写下的文章、说过的话,常被用作标题或者警句、文摘,在网络上盛传,青年人要么读以自省,要么同辈之间相互调侃,或者是长辈对晚辈的教诲。如"你的问题主要在于读书不多而想得太多""一个人有所不足,就要自欺欺人。一句谎言说过三次就自己也信以为真的。""上苍不会让所有幸福集中到某个人身上,得到爱情未必拥有金钱;拥有金钱未必得到快乐;得到快乐未必拥有健康;拥有健康未必一切都会如愿以偿。"杨绛用其通达至情的才华,和淡泊明志宠辱不惊的人生态度,为大众树立了一个儒雅的女知识分子形象。

2001年清华大学建校90周年之际,杨绛以一家三口的名义,成立"好读书"基金会,并把当年她和钱钟书的稿费72万元以及以后所有作品的报酬,全捐至该基金会,以鼓励真正热爱读书的贫寒子弟。截至2016年,已累计200万。除此之外,她亦将生前财产全部无偿捐赠国家。这样一个淡泊名利的学者,她翻译的英国诗人兰德诗作《生与死》:"我和谁都不争,和谁争我都不屑;我爱大自然,其次就是艺术;我双手烤着生命之火取暖……"更像是她的夫子自道。

2. 钱杨夫妇伉俪情深,"我们仨"故事吸睛

20世纪初期,随着"西学东渐"和"五四运动"的影响,知识分子界流行一股"休妻"热潮。人们最为津津乐道的是钱杨夫妇的伉俪情深,堪为知识分子的楷模。钱钟书评价杨绛为"最贤的妻、最才的女",并坦言"在遇到她以前,我从未想过结婚的事;和她在一起这么多年,从未后悔过娶她做妻子;也从未想过娶别的女人",之后这段话被社会学家视为理想婚姻的典范,在社交媒体发达的今天被广为传颂。一个是出自书香世家的"博学鸿儒",一个是同样名门闺秀的"文学大家",二者结合,可谓门当户对、珠联璧合。而《我们仨》讲述的恰恰是一家三口相守相助、相聚相失的故事,相比于三者的学术成就,大众读者更为关心的则是这个知识分子家庭有血有肉的真实生活。

胡河清曾赞叹:"钱钟书、杨绛伉俪,可说是当代文学中的一双名剑。钱钟书如英气流动之雄剑,常常出匣自鸣,语惊天下;杨绛则如青光含藏之雌剑,大智若愚,不显刀刃。"1946年初版的短篇小说集《人·兽·鬼》出版后,在自留的样书上,钱钟书为妻子写下这样无匹的情话:"赠予杨季康,绝无仅有的结合了各不相容的三者:妻子、情人、朋友。"

(二)文本为王是支撑

1. 永恒的亲情主题,细节上的盛宴

亲情是人类永恒的主题,关于亲情,人们总是有说不完的话题。杨绛以细腻的笔触,记录一家三口的风风雨雨,在读者中很容易引起共鸣,许多人

表示都是哭着读完这本书的。

钱杨二人结缘于清华园,婚后二人同赴英法求学,几年之后带着女儿归国。无论是青年时期艰辛的求学、养女之路,还是中年时期文化大革命中的聚少离多,再到晚年一家三口的相濡以沫。杨绛花了很多笔墨在柴米油盐、衣食住行等生活琐事的描写上,钱钟书在牛津就读期间,杨绛在一边伴读,二人相依相助,把搬家、自理伙食称作"冒险",吃上红烧肉就是"冒险成功",每天出门散步,爱说"探险"去;钱钟书常自叹拙手笨脚,不会打蝴蝶结,分不清左右脚,有一次还摔了跤磕断了半颗牙,满嘴鲜血;女儿出生时钱钟书一人待在家,去产院探望妻女时,常苦着脸认错,自己做了坏事,比如打翻了墨水瓶,砸了台灯,弄坏了门轴,杨绛总是耐心地安慰他,"不要紧,我会……",从此杨绛的一句"不要紧",成了钱钟书的"定心丸"。女儿钱瑗长大后,出国留学两年期间,从不忘给家里写信,钱钟书和杨绛总是"争读"女儿从英国寄来的家信。三人在一起时各自工作,各不相扰。全书对于一家三口的家庭细节描写,无不彰显着"我们仨"的浓浓爱意。

2. 语言平和深邃,耐人寻味

《我们仨》是纪实性回忆录式的散文,全书9万字,共分为3个部分,第一部分以杨绛老年时的一个梦境为开篇,第二部分从"走上古驿道",三人相聚和相失,讲述了这个"万里长梦",第三部分则是继爱女钱瑗、丈夫钱钟书离世后,杨绛"一个人思念我们仨"。

作为大陆近几十年出色的女散文家,杨绛的文笔朴实中见真挚、平缓如静水流深,褪去了华丽的外衣,只剩下拳拳爱意与温情,即使忧伤也带着与生俱来的从容,从容地对待生而为人的生老病死、世态炎凉。有论者说:"杨绛的文字,如一方玉。外表朴素,不炫示,叫人望去油然生宁静心情;她还能准确,节制,不枝不蔓,叫人体会一种清洁之美;玉当然又绝不冷硬,她显出温和,淡淡却持久地散发;还有润泽,透露着内在丰富的生命律动。"

写作此书时杨绛已是92岁的高龄,她几乎是蘸着热泪和鲜血,尽可能地以简洁的语言,哀而不伤的笔调,记录了这个家庭63年的风风雨雨。女儿病重住院时,她听到别人说及自己的女儿坚强,只是在惦记她的爸妈,她觉得"心上给捅了一下,绽出一个血泡,像一只饱含着热泪的眼睛"。当她把女儿病逝的消息告诉丈夫时,她描写老夫老妻二人痛失爱女的情景,"老人的眼睛是干枯的,只会心上流泪。锺书眼里是灼热的痛和苦,他黯然看着我,我知道他心上也在流泪。我自以为已经结成硬块的心,又张开几只眼睛,潸潸流泪,把胸中那个疙疙瘩瘩的硬块湿润得软和了些,也光滑了些"。没有呼天抢地的哭声,只是"潸潸流泪",一边是白发人送黑发人,一边是病重的丈夫,杨绛作为一个步履蹒跚的老人默默地经历着这一切,即便是撕心裂肺,也是泣不成声。女儿钱瑗和丈夫钱钟书相继离世之后,"我们仨"就此失散,她把三里河以前称为"我们家"的寓所,当作人生"旅途上的客栈",家在哪里?她亦寻寻觅觅。杨绛去世的消息传来时,无数人为她的离去感到惋惜,并安慰道"先生没有走,她只是回家了"。

3. 手法虚实结合,烘托如梦人生

《我们仨》一书巧妙地运用叙事空间的转换,围绕一家三口的聚散离别,建立了由一个"长达万里的梦"——梦境中"我们仨"相依为命——梦醒了,"我一个人思念我们仨"的叙事空间。第一部分叙述简略,讲述梦的开篇,是一个老人常做的梦。第二部分"我们仨"从"走上古驿道"的其乐融融,到在"古驿道上相聚、相失"的悲欢聚散,在女儿的指引下去寻找一个叫"311"号头的古驿道,颇费周折地才找到钱钟书,"我们仨"得以相聚。钱钟书和钱瑗相继因病入院,杨绛作为家中唯一不生病的人,奔波于二者之间。直至第三部分二人离世后,梦境中的生离呼应现实中的死别,一个人再回顾"我们仨"时,再梦恍若隔世,所以不得不感叹"世间好物不坚牢,彩云易散琉璃脆"。

作者从自身经历出发,借此表达人生如梦的主题,"我们仨"只剩下"我"一个,就好像日暮途穷的羁旅倦客,借着回忆和梦境,寻找人生的意义。她说,"不管怎么说,我却觉得我这一生并不空虚;我活得很充实,也很有意义,因为有我们仨。也可说:我们仨都没有虚度此生,因为是我们仨。"也许最后作者悟到了,"我们仨"正是他们这个家庭的人生意义。

(三)装帧设计为好书加分

1. 书名易懂好记,便于广泛传播

书名是一本书的重中之重,是图书核心内容的体现。书名取得恰当与否不仅在于它是否充分表达了图书主题,还在于它带给读者的第一印象。"我们仨"这个书名简单易懂、便于记忆和广泛传播,寥寥三个字便勾勒出一幅全家福。加之署名作者杨绛,不用宣传,读者很容易便联想到这本书讲的是钱钟书、杨绛一家三口的故事。"我们仨"突出的三个个体,放在一个著名的知识分子家庭里,本身就具有很强的吸引力。一个单纯温馨的学者家庭,会是什么样子?是什么样的因素使得这个家庭如此特殊?未曾谋面的读者会怀着好奇心,渴望在阅读这本书的过程中找到答案。

回忆这本书的策划起源,责任编辑冬晓(董秀玉)至今记得当时的每一个情景,当时她去看望正奔波在丈夫、女儿分别所在的医院和家"三点一线"之间的八十多岁的老人杨绛先生,她劝先生抽时间写写他们仨,杨绛先生看重这件事情的意义,就答应了她,说就写一本"我们仨"。最初的设想是每人写一部分,后来由于女儿病重,在护士的帮助下断断续续写了5篇,其中由杨绛亲自选取的部分手稿以附录的形式附在书后。1997年女儿钱瑗去世,1998年丈夫钱钟书去世,接连的丧女丧夫之痛,迫使杨绛直到2002年冬天才拿起笔,回忆"我们仨"的点点滴滴。

2. 封面素雅干净,契合图书主题

除了书名外,这本书的封面设计也相当优秀。香港著名装帧设计师陆智昌解释道,他在读完这本书时,脑海里想的是一个安静祥和的老人,坐在三里河洒满阳光的床边,写下的这份回忆。许多读过的人也表示,书中的至真至情,让人唏嘘不已。也正如杨绛本人淡泊的心性,这本书的整体设计是非常素雅的。基于它淡淡的忧伤这一情感基调,设计师采用了棕色的特种竖纹纸作封面,封一只配以其女钱瑗的手绘"Mom Pop 圆○"作品,以及杨绛的手写"我们仨"字样,显得十分干净。封四的文案"一个寻寻觅觅的万里长

梦,一个单纯温馨的学者家庭,相守相助,相聚相失",责任编辑冬晓(董秀玉)用这几句话浓缩了这本书带给她的全部感受。杨绛手写字样"我一个人思念我们仨",更像是这位老人的内心独白,也是成书以后对已故丈夫钱钟书、女儿钱瑗的交代。

3. 珍贵手稿作插图

除了洋洋洒洒的几万字以外,丰富的附加内容也是本书的一大亮点。不仅收录了一家三口珍贵的老照片,还有大量的字画、信件。包括钱瑗病重时写给父亲的信,杨绛给女儿写的便条,钱瑗为父亲画的生活小像。还有钱瑗去世前在病床上写的五篇小文,由杨绛亲自选定的其中三篇,也一并收进附录。钱钟书赠杨绛的十绝句手稿,被设计成折页放在目录的前面,设计师颇具匠心,甚为吸睛;第三部分选取的照片,从青年时期二人结婚,到产女、女儿长大成人,"我们仨"定居在三里河寓所,和第三部分的文字内容紧密相扣,必要且不显冗余;附录一是女儿病重时断续写下的"我们仨";附录二是一家三人写给彼此的信件、明信片;附录三则收录了钱瑗为父亲的画像:《裤子太肥了!》《爸:卧读危害》《爸爸作丑态:衣冠端正、未带牙齿》等,调皮之余显露出父女二人"铁哥们"般的关系,还有钱钟书遣不识字的阿姨买菜,勉为其难地画出"黄瓜""鸡蛋"等家常菜类简笔画,一家其乐融融的景象便在读者的脑海中刻下了。

为了配合这本书的文字氛围,附录中的照片由杨绛亲自作注,全都采用双色印刷,将其作为棕色色调,使人产生一种巧妙的黄昏感,既协调了封面的黄棕色,又不违背整体的视觉搭配。此外,2004年出版的珍藏本的封面为蓝色布面烫银精装,其中1000册为读者在版权页上加盖了钱钟书、杨绛和钱瑗的印章。

(四)低定价是一大卖点

杨绛回忆和三联的渊源时提到,她和钱钟书把书交给三联出版,是因为三联是他们熟悉的老书店,品牌好。三联有它的特色:不官不商,有书香。

是他们喜爱的这一特色。

把人文的精神贯穿在每一个环节当中，就可以把书做好。这也是责任编辑冬晓（董秀玉）一直秉承的做书观念。因此，为了凸显出钱杨一家严谨的治学精神、温暖的亲情故事和淡泊名利的生活态度，这本书的定价压得很低。第一版的平装本定价仅18.80元，之后畅销的这一版本，定价23.00元。它的精装升级版定价也不过是35.00元。网店上的销售由于其折扣力度大、送货便利等优势，销售量要比实体店多得多。在定价23.00元的基础上打折促销，读者实际买到这本书也不过是花了十几块钱，相当于在商场的麦当劳喝了一杯饮料。在人均阅读量普遍低迷的情况下，读者宁愿花更少的钱在买书上，那些质量颇佳的名家书自然最容易受到青睐。综合来说，除了钱杨夫妇的影响力，文本自身的魅力、出版方细致入微的努力、设计师的用心良苦等等，都是促使《我们仨》一书取得成功必不可少的关键因素。

四、精彩节选阅读

一九四一年暑假，锺书改由陆路乘邮船，辗转回到上海。当时辣斐德路钱家的人口还在增加。一年前，我曾在辣斐德路弄堂里租到一间屋，住了一个月，退了。这回，却哪里也找不到房子，只好挤居钱家楼下客堂里。我和圆圆在锺书到达之前，已在辣斐德路住下等他。

锺书面目黧黑，头发也太长了，穿一件夏布长衫，式样很土，布也很粗。他从船上为女儿带回一只橘子。圆圆见过了爸爸，很好奇地站在一边观看。她接过橘子，就转交妈妈，只注目看着这个陌生人。两年不见，她好像已经不认识了。她看见爸爸带回的行李放在妈妈床边，很不放心，猜疑地监视着。晚饭后，圆圆对爸爸发话了。

"这是我的妈妈，你的妈妈在那边。"她要赶爸爸走。

锺书很窝囊地笑说："我倒问问你，是我先认识你妈妈，还是你先认识？"

"自然我先认识，我一生出来就认识，你是长大认识的"，这是圆圆的原话,我只把无锡话改为普通话。我当时非常惊奇,所以把她的话一一记住了。

钟书悄悄地在她耳边说了一句话。圆圆立即感化似的和爸爸非常友好,妈妈都退居第二了。圆圆始终和爸爸最"哥们"。钟书说的什么话,我当时没问,以后也没想到问,现在已没人可问。我们三个人中间,我是最笨的一个。钟书究竟说了什么话,一下子赢得了女儿的友情,我猜不出来,只好存疑,只好永远是个谜了。反正他们两个立即成了好朋友。

她和爸爸一起玩笑,一起淘气,一起吵闹。从前,圆圆在辣斐德路乖得出奇,自从爸爸回来,圆圆不乖了,和爸爸没大没小地玩闹,简直变了个样儿。她那时虚岁五岁,实足年龄是四岁零两三个月。她向来只有人疼她,有人管她、教她,却从来没有一个一同淘气玩耍的伴儿。

——节选自《我们仨》 第108~110页

自从迁居三里河寓所,我们好像跋涉长途之后,终于有了一个家,我们可以安顿下来了。

我们两人每天在起居室静静地各据一书桌,静静地读书工作。我们工作之余,就在附近各处"探险",或在院子里来回散步。阿瑗回家,我们大家掏出一把又一把的"石子"把玩欣赏。阿瑗的石子最多。周奶奶也身安心闲,逐渐发福。

我们仨,却不止三人。每个人摇身一变,可变成好几个人。例如阿瑗小时才五六岁的时候,我三姐就说:"你们一家呀,圆圆头最大,钟书最小。"我的姐姐妹妹都认为三姐说得对。阿瑗长大了,会照顾我,像姐姐;会陪我,像妹妹;会管我,像妈妈。阿瑗常说:"我和爸爸最'哥们',我们是妈妈的两个顽童,爸爸还不配做我的哥哥,只配做弟弟。"我又变为最大的。钟书是我们的老师。我和阿瑗都是好学生,虽然近在咫尺,我们如有问题,问一声就能解决,可是我们决不打扰他,我们都勤查字典,到无法自己解决才发问。他可高大了。但是他穿衣吃饭,都需我们母女把他当孩子般照顾,他又很弱小。

他们两个会联成一帮向我造反,例如我出国期间,他们连床都不铺,预知我将回来,赶忙整理。我回家后,阿瑗轻声嘀咕:"狗窠真舒服。"有时他们引经据典的淘气话,我一时拐不过弯,他们得意说:"妈妈有点笨哦!"我的确是最笨的一个。我和女儿也会联成一帮,笑爸爸是色盲,只识得红、绿、黑、白四种颜色。其实锺书的审美感远比我强,但他不会正确地说出什么颜色。我们会取笑锺书的种种笨拙。也有时我们夫妇联成一帮,说女儿是学究,是笨蛋,是傻瓜。

钱瑗曾是教材评审委员会的审稿者。一次某校要找个认真的审稿者,校方把任务交给钱瑗。她像猎狗般嗅出这篇论文是抄袭。她两个指头,和锺书一模一样地摘着书页,稀里哗啦地翻书,也和锺书翻得一样快,一下子找出了抄袭的原文。

一九八七年师大外语系与英国文化委员会合作建立中英英语教学项目,钱瑗是建立这个项目的人,也是负责人。在一般学校里,外国专家往往是权威。一次师大英语系新聘的英国专家对钱瑗说,某门课他打算如此这般教。钱瑗说不行,她指示该怎么教。那位专家不服。据阿瑗形容:"他一双碧蓝的眼睛骨碌碌地看着我,像猫。"钱瑗带他到图书室去,把他该参考的书一一拿给他看。这位专家想不到师大图书馆竟有这些高深的专著。学期终了,他到我们家来,对钱瑗说:"Yuan, you worked me hard."但是他承认"得益不浅"。师大外国专家的成绩是钱瑗评定的。

我们眼看着女儿在成长,有成就,心上得意。可是我们的"尖兵"每天超负荷地工作——据学校的评价,她的工作量是百分之二百,我觉得还不止。她为了爱护学生,无限量地加重负担。例如学生的毕业论文,她常常改了又责令重做。我常问她:"能偷点儿懒吗?能别这么认真吗?"她总摇头。我只能暗暗地在旁心疼。

阿瑗是我生平杰作,锺书认为"可造之材",我公公心目中的"读书种子"。她上高中学背粪桶,大学下乡下厂,毕业后又下放四清,九蒸九焙,却始终只是一粒种子,只发了一点芽芽。做父母的,心上不能舒坦。

钟书的小说改为电视剧,他一下子变成了名人。许多人慕名从远地来,要求一睹钱钟书的风采。他不愿做动物园里的稀奇怪兽,我只好守住门为他挡客。

他每天要收到许多不相识者的信。我曾请教一位大作家对读者来信是否回复。据说他每天收到大量的信,怎能一一回复呢。但钟书每天第一件事是写回信,他称"还债",他下笔快,一会儿就把"债"还"清"。这是他对来信者一个礼貌性的答谢。但是债总还不清。今天还了,明天又欠,这些信也引起意外的麻烦。

他并不求名,却躲不了名人的烦扰和烦恼。假如他没有名,我们该多么清静!

人世间不会有小说或童话故事那样的结局:"从此,他们永远快快活活地一起过日子。"

人间没有单纯的快乐。快乐总夹带着烦恼和忧虑。

人间也没有永远。我们一生坎坷,暮年才有了一个可以安顿的居处。但老病相催,我们在人生道路上已走到尽头了。

周奶奶早已因病回家。钟书于一九九四年夏住进医院。我每天去看他,为他送饭、送菜、送汤汤水水。阿瑗于一九九五年冬住进医院,在西山脚下。我每晚和她通电话,每星期去看她。但医院相见,只能匆匆一面。三人分居三处,我还能做一个联络员,经常传递消息。

一九九七年早春,阿瑗去世。一九九八年岁末,钟书去世。我们三人就此失散了。就这么轻易地失散了。"世间好物不坚牢,彩云易散琉璃脆"。现在,只剩下了我一人。

我清醒地看到以前当做"我们家"的寓所,只是旅途上的客栈而已。家在哪里,我不知道,我还在寻觅归途。

——节选自《我们仨》 第161~165页

陆健东 著

陈寅恪的最后20年

修订本

生活·讀書·新知 三联书店

畅销书案例分析 14

《陈寅恪的最后二十年》

龚兴桂

一、图书基本信息

(一)图书介绍

书名:《陈寅恪的最后二十年》(修订本)
作者:陆键东
开本:16开
字数:350千字
定价:42.00元
书号:9787108045010
出版社:生活·读书·新知三联书店
出版时间:2013年6月

(二)作者简介

陆键东,男,1960年7月生,广东南海区人,广州文学艺术创作研究院作家、学者、一级编剧。主要致力于中国知识分子历史、明末清初史事、近代南岭文化演进史等课题研究。1971年考入广州粤剧二团作为演员学员。1983—

1986年,在中山大学中国语言文学系学习。大学毕业后回到广州粤剧团总团艺术室任专职编剧。2007年,受邀为台湾"中央研究院"近代史研究所访问学人。2010年,获聘为法国人文科学之家、法国高等社会科学研究院客座研究员。

二、畅销盛况

1996年《陈寅恪的最后二十年》一书刚问世便一售而空,在当时的环境下,该书成为一本名副其实的超级畅销书。1995—1997年,生活·读书·新知三联书店对该书先后再版六次,印数达十万余册,成为90年代三联书店的"标志性读物"之一,很快也在全国读书界中引发了"陈寅恪热"。2001年,该书由日本学者翻译成日文在海外出版,同时在香港、台湾先后出版繁体字版本,数年间海内外媒体对该书谈论的文章、书评与读物超过一千篇。

2013年《陈寅恪的最后二十年》(修订版)出版,此次修订再版,作者参考了近年发现的新材料、新研究,补入当年尚未知晓的一些重要史迹。值得一提的是,亚马逊购书平台将该书列为最畅销商品。

三、畅销攻略

《陈寅恪的最后二十年》一书,1996年初版刚上市即售罄。通过对书本内容的阅读与分析,笔者认为该书在20世纪末获得畅销的关键原因是:陈寅恪的治学态度和当时90年代倡导的"国学热"。

2013年6月,这本《陈寅恪的最后二十年》(修订版)图书在经历了十多年的停印后,终于又重新回到了读者身边。修订版图书内容有部分的增加和修改,但与初版书内容出入不大。对于新一代读者来说,不仅可以了解到20世纪中叶中国特殊政治环境对学术研究造成的负面影响,更能感受到史学家陈寅恪的治学精神。

《陈寅恪的最后二十年》(修订版)一书之所以能畅销,笔者认为应从以下几个方面入手进行分析。

(一)文本立意鲜明、结构合理

《陈寅恪的最后二十年》(修订版)是一本人物传记类图书,陈寅恪一生中最重要的学术成果就在这人生最后的二十年里完成。作者将其最后的二十年经历写成文字,一方面是为了致敬这位秉承"独立精神、自由思想"治学态度一辈子不变的老学者,另一方面表达出陈氏在晚年苦难的环境里仍坚持治学的坚韧精神,为中国读书人传达一种独特的文化气节。

全书共二十二个章节,前两个章节介绍陈氏求学经历和陈寅恪辗转来到岭南大学任教前的经历;第三章到第九章记录了陈寅恪从1949年至1958年在岭南大学教书、治学时所发生的故事;第十章到第十八章讲述了陈寅恪受到批判后艰难困苦的治学旅程;第十九章到第二十二章交代了与陈寅恪身前有重要关系的人物结局,同时作者在文章的最后交代了陈寅恪被平反一事并对陈一生的贡献做出总结与歌颂。全文按照主人公生活的时间顺序进行写作,符合人物传记类图书的一般写作规律,文章体系完整,逻辑性强,语句通俗易懂,可读性高。

(二)主人公的独特性

1. 陈寅恪的个人影响力

(1)"教授中的教授"

陈寅恪是中国现代最负盛名的历史学家、古典文学研究家、语言学家、诗人,清华国学研究院四大导师之一,1942年被英国牛津大学聘为汉学教授,著有《隋唐制度渊源略论稿》《唐代政治史述论稿》《元白诗笺证稿》《金明馆丛稿》《柳如是别传》《寒柳堂记梦》等作品。

陈寅恪是一位"治学不甘随人后"的学人,据当年听过陈寅恪讲课的学生回忆,他阐述问题时能够旁征博引,史料的运用常常是古今中外信手拈来,不时夹杂着所引史料的数种语言文字。当时绝大部分学生外语尚未过关,文史基础知识贫乏,自然无法引起共鸣。结果三十人的选修课,最后只剩下十三人,反而听他课受益良多的倒是那些前来旁听的教师。可见用"教授中的教授"来形容陈寅恪的博学不为过。

(2)坚韧的治学精神

这本书的中心主要是为了阐明陈寅恪的"独立之精神,自由之思想"治学思想。通过阅读文本不难发现书中有很多地方点明了这一点。

书的第四章中有讲述陈寅恪追求治学精神的例子。其一,1953年12月,陈寅恪在回复《对科学院的答复》一文中写道:"我认为研究学术,最主要的是要具有自由的意志和独立的精神……必须脱掉'俗谛之桎梏',真理才能发挥,没有自由思想,没有独立精神,即不能发扬真理,即不能研究学术。"这是摘自陈氏拒绝郭沫若邀请担任中国研究院中古史二所所长一职的信件。其二,1954年7月陈寅恪在给杨树达的回信中提到了"弟畏人畏寒,故不北行",虽然表面上他是畏惧北国的寒冷,实则是因此次北行有违自己的初衷——"独立精神,自由思想",便主动放弃仕途,埋头做自己的学术。其三,陈寅恪55岁时双眼失明,但仍坚持治学,在多位学术助手的帮助下,在人生的最后20年里,把自己的学术成就推向巅峰。

(3)高尚的教育精神

由于陈寅恪教授的国学晦涩难懂,且对学生国学素质要求也很高,能听完整门课的学生自然不多,但这并不影响他的教学质量,哪怕台下只有一个学生听课,他也会保障课堂质量。

1957年,高守真成为陈寅恪三十多年教学生涯亲自指导的最后一个学生,高守真身上流淌的中国传统家风与道德习气,还有她的求学态度让陈寅恪满意,因此将平身治史的心得尽诉给学生高守真。文中提到当高守真收集资料屡屡遇到苦难时,陈寅恪总是心平气和的给予教导:"写文章不是为了一举成名,你就当是一场学习吧,你有耐心,还能按照我的意思去做,基础尚有一些,可以慢慢试试。"正是简单的一席话成了高守真一生治学的动力。

1956年,在"向科学进军、向知识进军、赶超世界先进水平"的罕有春天里,陈寅恪对新生们说道:"问题不在中大或北大,而在于自己的努力。如果自己努力钻研,一定会取得成绩的。"陈寅恪还为新生赠予了两点意见:一是要学好古文与外文,提高阅读能力;二是要注意身体锻炼,否则会半途而废。他为新生所说的这些话,既是对新生的教导,也是他几十年来饱含丰富治学经验的真情勉励,其高尚的教育精神值得后人赞扬!

在20世纪的中国学界,陈寅恪在历史学、宗教学、语言学、考据学、文化学及中国古典文学等领域取得了罕有的成就,36岁时便成为清华国学研究院的教授之一,应该说很年轻就有了名气,但他的治学成果在中年时期才正式发表,对待治学是很严谨的。在失去双眼,下半身不能活动的绝望条件下,他毅然坚持做学术。陈对中国文化怀抱着无限深情,强调中国文化本位,同时接受过西方教育的他对以"民主""自由"的价值也不拒绝,他认为政治上的自由主义和文化上的保守主义是融为一体的,可见陈寅恪坚持着知识分子独立的人格,是读书人心中的文化符号。

2. 陈寅恪的友情

陈寅恪人生的最后二十年是在众多志同道合、相互信任的挚友帮助下度过的,他们在陈近二十年来的生活中、学术创作中有着重要意义。笔者在此挑选了文中较关键的几个人物:陈序经、周连宽、蒋天枢、黄萱、陶铸。

在陈寅恪人生的最后二十年里,陈序经是一个很重要的人,没有当年陈序经劝说陈来岭南大学任教,也就没有陈在康乐园的最后二十年。陈序经早些年是陈在柏林大学的同学,这位以"我是为教授服务"为口头禅的教学管理者曾三次拒绝国民党为其承诺的重要职务,陈序经淡泊官场名利,一心只为建设高质量学术而努力。在岭南大学,陈序经为陈氏安排了舒适的生活环境,更为陈开辟绿色通道治学,与同等教学条件下的其他教授相比,陈序经更加照顾陈寅恪。

在陈寅恪双眼失明的困难生活中,周连宽和蒋天枢两个后学为陈送去了温暖,更为其的治学提供了众多帮助。周连宽本是一名知名的图书馆学专家,早些年前担任上海市立图书馆馆长,凭借深厚的理论知识周连宽的前途本可以走得更远,然而周连宽却选择留在中山大学担任陈的治学助手,由此可见周连宽对陈在治学上的尊敬与崇拜。蒋天枢是复旦大学中文系的教授,主要从事先秦文学方向的研究,蒋天枢讲课与陈讲课如出一辙,两者都喜欢对讲授的每一句诗词旁征博引,可见两者对待学术皆讲求细致、全面。正因为蒋天枢有着治学的扎实态度,陈寅恪很是认可这位学生。每当陈寅恪需要大量的论证资料时,蒋天枢都会踏踏实实整理好所需资料并附上自己对其见解,可以体会出蒋天枢对求学、治学的专注。也正因如此,陈寅恪将自己身前不能完成的个人文集托付给蒋天枢去完成,可见他是十分信赖学生蒋天枢的。

在刚来到岭南大学的几年里,陈寅恪一直寻找不到合适的助手帮忙收集整理资料,直到黄萱的出现给予陈莫大的精神支持。黄萱为陈寅恪当了十三年的学术助手,帮助他查阅相关文献,整理相关笔记。枯燥难懂的国学著作对于一般知识分子来说很难坚持学习,但黄萱一做就是十多年,可以看出黄萱发自内心的喜爱国学,同时也对陈寅恪广博的学识产生敬意。对于晚年的陈寅恪来说,在治学道路上能够与拥有共同爱好的朋友共事是多么难忘的一件事。

在陈寅恪人生的最后二十年里,陶铸对他的帮助是无微不至的。陶铸是一名共产党,在某些观念上与陈寅恪不符,但这并不影响两人的感情。陈寅恪在岭南大学任教时,陶铸作为时任的广东省委书记特批陈的补贴待遇是学校最高的,在平时的生活中、工作中一直照顾关心,直到后来陈被打成"造反派"时,时任国务院副总理的陶铸特意打电话担保陈寅恪,虽然没成功,但也能看出陶铸与陈寅恪的感情非同一般。

(三)国学热

1995年该书初版上市后很快脱销,究其原因在于20世纪90年代兴起的国学热,那个年代开始提倡民族文化复兴,另外政府舆论也往这方面引导。因此,与陈寅恪相关的出版物成为那个时期的抢手货。关于陈寅恪的国学将从以下两点进行表达:

1. "独立之精神,自由之思想"

陈寅恪的国学思想,笔者认为是建立在其思想体系之下的。陈寅恪一辈子做学问都遵循"独立之精神,自由之思想"这十个大字,读者阅读完整本书之后也发现了这是陈的治学灵魂。在书的第四章里,陈寅恪被邀请到京做研究所负责人,他深知此去北京不能按照自己的治学态度治学,于是给上级提出"1. 允许研究所不宗奉马列主义,并不学习政治;2. 请毛公或刘公给一允许证明书,以作挡箭牌"的要求,这种要求看似孤傲,其背后表现出的是陈不想违背自己的治学态度,一个学者在这样的情况下还能坚守自己的治学理念,着实让读书人尊敬。

2. 研究陈寅恪

(1)著作

《陈寅恪的最后二十年》(修订版)一书中出现了很多陈寅恪创作的国学作品,本书作者通过收集史料、实地调查记叙了其中一些作品的创作背景,这对于研究陈寅恪的学者以及研究中唐、明末清初的国学者来说是很重要的资料。代表性著作有:《论再生缘》《元白诗笺证稿》《柳如是别传》等。

(2)诗

陈寅恪既是历史学家,也是诗人。在这本书里频繁地出现了他在不同生活、情绪下创作的古诗,这些古诗的出现反映了陈寅恪扎实的国学功底,也对研究者研究陈寅恪所处的时代环境和剖析陈寅恪思想感情有着重要研究价值。1956年6月,陈寅恪在度过他六十六岁生日时对唐筼做的一首诗:"织素心情还置酒,然脂功状可封侯。幸得梅花同一笑,炎方已是年留。"深深表现出陈寅恪对自己爱妻唐筼的爱戴和赞美。

（四）特殊的年代背景

本书内容是建立在"大跃进""文化大革命"这两个特殊历史时期的基础之上，对这两段敏感时期充满好奇的读者来说，这将会是该本书的一个卖点。1995年出版的《陈寅恪的最后二十年》，由于书中小部分内容牵扯到私人问题，故而这一版本的图书停印，直到2013年《陈寅恪的最后二十年》(修订版)重新上市。

抛开上述话题，单纯从文本写作的背景来说，20世纪50年代的知识分子、学者想要安心治学是件多么不容易的事情。就像书本中"两耳不闻窗外事，一心只读圣贤书"的主人公陈寅恪，他一心沉浸在学术研究中，不与充满斗争的世事有联系，像这样的一位学者，最终也还是被戴上了"资本主义反革命"的帽子，对于已经饱受身体残缺打击的陈寅恪来说，他的著书立说工作更加艰难，但陈寅恪没有放弃。

（五）作者经历

作者陆键东早年就读于中山大学语言文学系，在校期间阅读过《明报月刊》上余英时先生所写的关于陈寅恪晚年的文章，从那时候起陆键东便开始了对陈寅恪的研究。从1995年初版书的面市到2013年修订版的回归，陆键东一直在收集查找关于陈的历史文献资料，同时亲自拜访与陈寅恪相关的亲人、朋友，以此来不断地完善、充实文本信息。

据相关资料显示，《陈寅恪的最后二十年》全书531页，引文的标注达524处，其中标明所引材料出自"中山大学档案馆"的标注49处，标明所引材料出自"广东省档案馆"的标注52处。此外，有些标注中虽然未出现"档案馆"字样，但所用材料显系出自"中山大学档案馆"的档案资料为83处，出自"广东省档案馆"的档案资料为11处，此外明引自"复旦大学档案"与"广州文化局档案"的各1处，还有将档案、资料原件直接影印在书上的地方8处。以上所用材料与档案馆藏直接相关的地方共205处。因此，对于研究陈寅恪治学精神的学者以及广大爱好国学的读者来说具有重要的参考价值。

(六)出版社的影响

陆键东选择三联书店出版的原因:一是三联书店对待图书出版具有鲜明的时代特色、扎实的学理功底;二是在中国出版业界,三联书店拥有深厚的出版基础、独特的文化品牌,读书界广泛认可、尊敬三联书店。

《陈寅恪的最后二十年》1995年初版图书和2013年修订版图书皆为三联书店出版。虽然1995年出版的图书寿命不长,但在那段艰难的时间里,三联书店帮助作者解决了书本中一些不恰当的问题。最终在三联书店扎实的出版基础和良好的社会口碑与作者对文本内容的精心打磨的共同努力下,2013年修订版的《陈寅恪的最后二十年》深受读者喜爱。事实证明,作者陆键东选择三联书店出版图书很明智。

四、精彩阅读

若从生命的意义而言,《论再生缘》是陈寅恪晚年生命本质最重要的体现。

其一,当陈寅恪活在他自己所建构的历史世界里,其生命便进入一种酣畅淋漓、物我两忘的状态。而在《论再生缘》中,这酣畅淋漓表现为一种快意与欢愉。《论再生缘》起文不久,便论述到"为人喜攀缘贵势"的陈文述。陈文述终因为后人留下了陈端生一些很重要的记载,而在陈寅恪的笔下不乏带点喜剧人物的味道,"文述所为,虽荒唐卑鄙,然至今日观之,亦有微功足录,可赎其罪者"。陈文述在《论再生缘》中自是一个无足轻重的角色,从不为人所注意,但陈寅恪在文中对其人品与文品的某种"宽容",则可察陈寅恪在陈端生的世界里的心境。须知,在1953年的现实中,陈寅恪曾毫不掩饰地对当时"喜攀援贵势",随"时势易变"的学人,表示其深恶痛绝。

这种酣畅甚至令陈寅恪在那一刻间忘记了自己是谁,直如一个顽皮的少年,其率真直见生命的朴质。如有这么一段文字:

句山虽主以诗教女子,然深鄙弹词之体。此老迂腐之见囿于时代,可不深论。所可笑者,端生乘其回杭州之际,暗中偷撰再生缘弹词。迨句山反京时,端生已挟其稿往登州以去。此老不久病没,遂终身不获见此奇书矣……今寅恪殊不自量,奋其谫薄,特草此文,欲使再生缘再生,句山老人泉底有知,以为然耶?抑不以为然耶?

其文势之跌宕,信是陈寅恪一气呵成的,足见其最本质的创作状态。

其二,也是最主要的一点,陈寅恪绝不是不经意地回顾了他对中国文化某层面的看法。这实在是窥探陈寅恪晚年文化思想的一个不可多得的契机。《论再生缘》起首第一段谈到,陈寅恪中岁后"广涉唐五代俗讲之文,于弹词七字唱之体,益复有所心会"。从少时厌恶频繁冗长的弹词小说,到中晚年后有所感受,这表明陈寅恪对中国文化的认识,在晚年仍在发展与变化。这种变化不是"即兴式"的,若以《论再生缘》成文共耗三四月光阴计算,则距撰写起首部分数十天之后,陈寅恪再次阐述了这一思想变化的痕迹:

今人所以不喜读此书之原因颇多,其最主要者,则以此书思想陈腐,如女扮男装、中状元、做宰相等俗滥可厌之情事。然此类请事之描写,固为昔日小说弹词之通病,其可厌自不待言,寅恪往日所以不喜读此等书者,亦由此故也。年来读史,于知人论事之旨稍有所得,遂取再生缘之书,与陈端生个人身世之可考见者相参会,钩索乾隆朝史事之沈隐,玩味再生缘文词之优美,然后恍然知再生缘实弹词体中空前之作,而陈端生亦当日无数女性中思想最超越之人也。

其年陈寅恪六十三岁,早已是中国一流的学术大师,可谓尚未盖棺已有定论,但对认识已有了新发展的传统文化,仍取毕恭毕敬之势,"年来读史,于知人论事之旨稍有所得"。这"稍有所得",实在是一个从"厌恶其繁复冗长",到"益复有所心会"的飞跃。

也因为如此,《论再生缘》蕴含着相当广泛的人文色彩。陈寅恪论证陈端生塑造孟丽君这一弹词中的人物,是"即其本身之写照"。这实在是一个很大胆也很具人格魅力的观点。陈寅恪为陈端生"发潜德之幽光",也未尝不是借此作某种自身的写照：

呜呼！端生于乾隆三十五年缀写再生缘时，年仅二十岁耳。以端生之才思敏捷，当日亦自谓可以完成此书，绝无疑义。岂知竟为人事俗累所牵，岁不得不中辍。虽后来勉强续成一卷，而卒非全璧，遗憾无穷。至若"禅机蚤悟"，俗累终牵，以致暮齿无成，如寅恪今日者，更何足道哉！更何足道哉！

——节选自《陈寅恪的最后二十年》（修订版） 第70~72页

这天上午，陈寅恪口述了一篇长文，其结构之紧凑，语气之从容不迫，决非即兴之作，而是深思熟虑的结果。汪篯轻车熟路地将这篇陈寅恪地自述记录下来，也记录下一段不应被淹没的历史。这篇自述，全文如下：

对科学院的答复

我的思想，我的主张完全见于我所写的王国维纪念碑中。王国维死后，学生刘节等请我撰文纪念。当时正值国民党统一时，立碑时间有年月可查。在当时，清华校长是罗家伦，是二陈（CC）派去的，众所周知。我当时是清华研究院导师，认为王国维是近世学术界最主要的人物，故撰文来昭示天下所世研究学问的人。特别是研究史学的人。我认为研究学术，最主要的是要具有自由的意志和独立的精神。所以我说"士之读书治学，盖将以脱心志于俗谛之桎梏"。"俗谛"在当时即指三民主义而言。必须脱掉"俗谛之桎梏"，真理才能发挥，受"俗谛之桎梏"，没有自由思想，没有独立精神，即不能发扬真理，即不能研究学术。学说有无错误，这是可以商量的，我对于王国维即是如此。王国维的学说中，也有错的，如关于蒙古史上的一些问题，我认为就可以商量。我的学说也有错误，也可以商量，个人之间的争吵，不必芥蒂。我、你都应该如此。我写王国维诗，中间骂了梁任公，给梁任公看，梁任公只笑了笑，不以为芥蒂。我对胡适也骂过，但对于独立精神，自由思想，我认为是最重要的，所以……我认为王国维之死，不关与罗振玉之恩怨，不关清朝之灭亡，其一死乃以见其独立自由之意志。独立精神和自由意志是必须争的，且须以生死力争。正如词文所示，"思想而不自由，毋宁死耳。斯古今仁圣所同殉之精义,其岂庸鄙之敢望"……

我决不反对现在政权,在宣统三年时就在瑞士读过资本论原文。但我认为不能先存马列主义的见解,再研究学术。我要请的人,要带的徒弟都要有自由思想、独立精神……

因此,我提出第一条:"允许中古史研究所不宗奉马列主义,并不学习政治"。其意就在不要有桎梏,不要先有马列主义的见解,再研究学术,也不要学政治。不止我一人要如此,我要全部的人都如此。我从来不谈政治,与政治决无连涉,和任何党派没有关系。怎样调查也是这样。

因此,我又提出第二条:"请毛公或刘公给一允许证明书,以作挡箭牌。"其意是毛公是政治上的最高当局,刘少奇是党的最高负责人。我认为最高当局应和我有同样看法,应从我之说。否则,就谈不到学术研究。

至如实际情形,则一动不如一静,我提出的条件,科学院接受也不好,不接受也不好。两难。我在广州很安静,做我的研究工作,无此两难。去北京则有此两难。动也有困难。我自己身体不好,患高血压,太太又病,心脏扩大,昨天还吐血。

你要把我的意见不多也不少地带到科学院。碑文你带去给郭沫若看。郭沫若在日本曾看到我地王国维诗。碑是否还在,我不知道。如果做得不好,可以打掉,请郭沫若做,也许更好。郭沫若是甲骨文专家,是"四堂"之一,也许更懂得王国维的学说。那么我就做韩愈,郭沫若就做段文昌,如果有人再做诗,他就做李商隐也很好。我的碑文已流传出去,不会湮没。

——节选自《陈寅恪的最后二十年》(修订版) 第104~107页

周连宽,广东开平人,1905年生,1924年毕业于香港圣士提反中学,随后成为广东大学的第一届毕业生,1930年再毕业于武昌文华图书馆专科学校。从此,周连宽大半生与图书档案打交道,被人形容为"书虫",意谓把书都钻透了。

从三十年代起……他却出任"清水衙门"上海市立图书馆馆长一职。

1949年时局动荡,周连宽南下受聘岭南大学图书馆编目部主任……1954年,懂得周连宽价值的梁方仲,向陈寅恪推荐了这位前上海市立图书馆馆长。陈寅恪与周连宽一见如故。不仅仅因为周连宽对古籍了如指掌,素有"一口准"之誉,还因为他是个学人。周连宽一生惟好目录学,在上海时,郑振铎曾与其建立了不薄交情,郑振铎藏书之丰,学林有名声。郑振铎曾邀周连宽过府为其鉴别古籍版本……

这位再旧书摊说哪本古籍值多少钱就值多少钱的"书虫",在1954年开始了长达十年专为陈寅恪搜寻史料、查阅各类图书版本的工作……整整十年,周连宽共为陈寅恪查找过多少资料?无人统计过。1949年以前,周连宽已是一个知名的图书馆专家,而此时,周连宽为陈寅恪所做的工作,只是一名助手所应该做但并不一定每名助手都能做得好的工作。《柳如是别传》所因材料之庞杂,种类之繁多,令人叹为观止。曾有人统计出陈寅恪旁征博引各种典籍"多达六百种以上"。这其中有多少是周连宽的功劳?知道晚年,周连宽也没有说。他永远铭记在心间的,是那十年陈寅恪在学术上给了他很大的启发与指导,使他在晚年能完成《大唐西域记史地研究丛稿》一书。

——节选自《陈寅恪的最后二十年》(修订版)　第133~134页